2019 年度
江苏省基础教育信息化发展报告

江苏省教育网络安全和信息化领导小组办公室
江苏省电化教育馆　江苏省教育信息化中心
教育部教育信息化战略研究基地(华中)

编

东南大学出版社
SOUTHEAST UNIVERSITY PRESS
·南京·

图书在版编目(CIP)数据

2019年度江苏省基础教育信息化发展报告 / 江苏省教育网络安全和信息化领导小组办公室等编. —南京：东南大学出版社，2020.9

ISBN 978-7-5641-9110-8

Ⅰ.① 2… Ⅱ.①江… Ⅲ.①基础教育—信息化—研究报告—江苏—2019 Ⅳ.①G639.2-39

中国版本图书馆 CIP 数据核字(2020)第 171967 号

2019 年度江苏省基础教育信息化发展报告

编　　者	江苏省教育网络安全和信息化领导小组办公室
	江苏省电化教育馆　江苏省教育信息化中心
	教育部教育信息化战略研究基地(华中)
出版发行	东南大学出版社
出 版 人	江建中
责任编辑	褚蔚
经　　销	全国各地新华书店
印　　刷	南京顺和印刷有限责任公司
开　　本	787 mm×1092 mm　1/16
印　　张	7.75
字　　数	139 千字
版　　次	2020 年 9 月第 1 版
印　　次	2020 年 9 月第 1 次印刷
书　　号	ISBN 978-7-5641-9110-8
定　　价	66.00 元

(本社图书若有印装质量问题，请直接与营销部联系。电话:025-83791830)

2019年度江苏省基础教育信息化发展报告编委会

主　　编：杨宗凯

副主编：姚志化　缪榕楠　吴　砥

编　　委：金　玉　厉　浩　李建芬　陈　莉
　　　　　陈　敏　徐　建　卢　春　陈　平
　　　　　顾　军　周　岩　朱志平　顾瑞华
　　　　　秦卫东　崔　恺　杨　轶　王洪恩
　　　　　刘　荣　汪　翀　张光耀　周洪飞

前　言

2019年，江苏省教育信息化工作坚持以习近平新时代中国特色社会主义思想为指导，贯彻落实党的十九大、党的十九届四中全会和全国教育大会精神，深入实施教育信息化2.0行动计划，加快推进教育信息化创新发展。全省教育信息化基础支撑能力明显优化，资源供给能力有效增强，融合创新能力持续深化，教育治理能力大幅提升，安全保障能力稳步提高。教育信息化在引领江苏教育现代化建设、培养高素质创新型人才、服务经济和社会发展等方面发挥了非常重要的作用。

为全面了解全省各地在"十三五"时期的教育信息化建设情况，及时发现教育信息化建设过程中出现的新情况、新问题，找到教育信息化发展的瓶颈和着力点，更好地统筹指导全省教育信息化工作，江苏省教育网络安全和信息化领导小组办公室、教育信息化中心、电化教育馆联合教育部教育信息化战略研究基地华中师范大学，编辑出版《2019年度江苏省基础教育信息化发展报告》。

报告全面总结2019年我省教育信息化工作取得的建设成果，聚焦发展过程中的突出问题，尝试界定江苏教育信息化所处的发展阶段。根据"十三五"时期江苏教育信息化发展战略，参考国内外教育信息化的发展评价研究成果，对基础设施、教育资源、教学应用、管理信息化、保障措施五个维度的发展指标进行重点分析和比较研究，对师生信息素养和教育网络安全进行专项研究。报告全面反映江苏教育信息化的发展状况以及各地的区域特征，客观记录江苏"十三五"时期教育信息化发展轨迹，为制定全省教育信息化发展规划，更加准确地推进各项重点工作，促进全省教育信息化工作协调发展提供数据支撑和理论支持。

目 录

CONTENTS

1. **基础教育信息化发展报告** ·· 1
   - 1.1 报告综述 ··· 1
     - 1.1.1 设区市综合指数比较 ···································· 2
     - 1.1.2 基础设施维度发展指数 ·································· 4
     - 1.1.3 教育资源维度发展指数 ·································· 5
     - 1.1.4 教学应用维度发展指数 ·································· 6
     - 1.1.5 管理信息化维度发展指数 ································ 7
     - 1.1.6 保障措施维度发展指数 ·································· 8

2. **基础教育信息化发展概况** ·· 9
   - 2.1 基础设施 ··· 9
     - 2.1.1 宽带网络建设 ··· 10
     - 2.1.2 无线网络 ··· 11
     - 2.1.3 多媒体教室 ··· 12
     - 2.1.4 信息化终端 ··· 15
   - 2.2 教育资源 ··· 16
     - 2.2.1 校本资源 ··· 16
     - 2.2.2 数字教育资源 ··· 17
     - 2.2.3 网络学习空间 ··· 19
     - 2.2.4 人工智能课程 ··· 20
   - 2.3 教学应用 ··· 21
     - 2.3.1 信息技术教学应用 ······································· 22
     - 2.3.2 网络学习空间应用 ······································· 23
   - 2.4 管理信息化 ··· 24
     - 2.4.1 信息化管理系统 ··· 25

2.4.2 一卡通系统的应用 …… 28
　2.5 保障措施 …… 30
　　2.5.1 信息化经费投入 …… 30
　　2.5.2 信息化领导力 …… 32
　　2.5.3 教师信息化应用能力 …… 34
　　2.5.4 信息化运维能力 …… 36
　　2.5.5 学校安全监控系统 …… 37
　　2.5.6 信息化保障措施 …… 38
　　2.5.7 网络安全 …… 39
　2.6 各设区市教育信息化对比 …… 41
　　2.6.1 教育信息化基础设施建设 …… 41
　　2.6.2 数字化教育资源与应用 …… 48
　　2.6.3 管理信息化 …… 54
　　2.6.4 教育信息化保障措施 …… 56

3. 师生信息素养发展专项 …… 60
　3.1 教师信息素养发展情况 …… 60
　　3.1.1 总体情况 …… 60
　　3.1.2 信息意识 …… 61
　　3.1.3 信息知识 …… 63
　　3.1.4 信息应用 …… 65
　　3.1.5 信息伦理和安全 …… 67
　　3.1.6 专业发展 …… 68
　　3.1.7 各设区市教师信息素养对比 …… 70
　3.2 学生信息素养发展情况 …… 72
　　3.2.1 总体情况 …… 72
　　3.2.2 信息意识与认知 …… 73
　　3.2.3 信息知识与技能 …… 77
　　3.2.4 信息思维与行为 …… 80
　　3.2.5 信息社会责任 …… 82
　　3.2.6 各设区市学生信息素养对比 …… 85

4. 网络安全发展专项 ·········· 89
4.1 综述 ·········· 89
4.2 网络安全发展概况 ·········· 90
4.2.1 网络安全工作人员保障 ·········· 90
4.2.2 网络安全管理制度 ·········· 92
4.2.3 网络安全教育培训 ·········· 93
4.2.4 信息系统建设 ·········· 94
4.2.5 经费投入 ·········· 95
4.2.6 上网管理 ·········· 96
4.3 各设区市网络安全发展对比 ·········· 98
4.3.1 网络安全工作人员保障 ·········· 98
4.3.2 网络安全管理制度 ·········· 100
4.3.3 网络安全教育培训 ·········· 101
4.3.4 信息系统建设 ·········· 102
4.3.5 经费投入 ·········· 104
4.3.6 上网管理 ·········· 106
4.4 小结 ·········· 107

5. 分析与总结 ·········· 109
后 记 ·········· 111

1. 基础教育信息化发展报告

1.1 报告综述

党的十九大对教育现代化提出了新的要求，在总目标的指引下，报告根据"十三五"规划时期江苏教育信息化战略的制定，分析了国内外教育信息化的发展评价研究成果，设定了基础设施、教育资源、教学应用、管理信息化、保障措施五个方面的发展指标。

《教育信息化2.0行动计划》指出，在基础设施方面，"宽带网络校校通"实现提速增智，教育资源公共服务平台和教育管理公共服务平台实现融合发展，全面推进各级各类学校数字校园建设与应用；在教育资源方面，完善数字资源公共服务体系，优化服务模式与能力，实施教育资源共享；在教学应用方面，推进新技术与教育教学的深度融合，实现从融合应用阶段迈入创新发展阶段，不仅实现常态化应用，更要达成全方位创新；在管理信息化方面，推进政务信息系统整合共享与"互联网＋政务服务"，提高管理信息化水平；在保障措施方面，建立健全网络安全和信息化统筹协调的领导体制，坚持试点先行、典型引路的推进机制，加强开放合作，实现多元投入。

教育信息化指数是评价教育信息化综合发展水平的数值，是相同时间下各评估对象教育信息化发展水平的相对数。指数数值计算时使用的是当年全省均值作为基准值，相关指数值不具备前后年发展水平历史纵向比较的功能，更多地用于表征当年各地市之间发展程度的差异状况。前后年发展指数的变化与发展水平的提升或者下降不呈必然关系。指数值前后年的变化一方面取决于发展水平本身的提升和下降，另一方面更多地取决于各地市发展水平与全省平均水平离散的程度。

1.1.1 设区市综合指数比较

本次调研范围覆盖江苏省13个设区市,针对调研结果,报告采用聚类分析的方法,将每个一级指标的指数得分分为四类,并用四种不同的颜色进行了标注,处于同一类的设区市,表示它们在该类指标之间的发展水平没有显著差异。江苏省基础教育信息化发展指数聚类结果如表1-1所示。

表1-1 江苏省教育信息化发展指数聚类结果

设区市	综合指数	基础设施	教育资源	教学应用	管理信息化	保障措施
南京	51.39	53.88	51.59	49.94	51.40	49.83
无锡	50.96	50.97	49.45	50.26	52.54	51.82
苏州	50.70	50.53	50.68	50.03	52.93	49.69
泰州	50.45	51.65	51.48	50.64	48.19	49.80
扬州	50.34	48.72	52.01	51.10	48.30	51.68
南通	50.24	51.73	51.04	49.78	49.82	48.56
常州	50.06	51.38	49.91	49.50	50.13	49.15
镇江	49.94	50.00	51.29	51.06	46.95	49.95
盐城	49.92	50.04	49.67	51.02	49.79	48.82
淮安	49.58	51.36	48.21	49.64	49.03	49.14
徐州	49.53	47.99	48.66	49.82	49.90	51.63
连云港	49.17	48.17	50.40	49.56	48.40	49.46
宿迁	47.04	46.38	45.12	48.61	45.50	49.26
全省均值	49.94	49.65	49.75	49.90	50.47	50.02

备注:

第一类　第二类　第三类　第四类

在综合指数方面,南京、无锡、苏州三个设区市属于第一类发展水平,泰州、扬州、南通、常州、镇江、盐城六个设区市属于第二类发展水平,淮安、徐州、连云港三个设区市属于第三类发展水平,宿迁市属于第四类发展水平。在基础设施方面,南京市属于第一类发展水平;在教育资源方面,南京、泰州、扬州、南通、镇江五个设区市属于第一类发展水平;在教学应用方面,扬州、镇江、盐城三个设区市属于第一类发展水平;在管理信息化方面,南京、无锡、苏州三个设区市属于第一类发展水平;在保障措施方面,无锡、扬州、徐州三个设区市属于第一类发展水平。

江苏省教育信息化发展指数排名情况,如表1-2所示。南京市综合指数最高,表明该市基础教育信息化发展综合水平最高。宿迁市综合指数最低,表明该市在全省范围内基础教育信息化发展综合水平最低。在基础设施方面,南京市发展水平最高;在教育资源方面,扬州市发展水平最高;在教学应用方面,扬州市发展水平最高;在管理信息化方面,苏州市发展水平最高;在保障措施方面,无锡市发展水平最高。

表1-2　江苏省教育信息化发展综合指数排名

设区市	综合指数	基础设施	教育资源	教学应用	管理信息化	保障措施
南京	1	1	2	7	3	5
无锡	2	6	10	5	2	1
苏州	3	7	6	6	1	7
泰州	4	3	3	4	11	6
扬州	5	10	1	1	10	2
南通	6	2	5	9	6	13
常州	7	4	8	12	4	10
镇江	8	9	4	2	12	4
盐城	9	8	9	3	7	12
淮安	10	5	12	10	8	11
徐州	11	12	11	8	5	3
连云港	12	11	7	11	9	8
宿迁	13	13	13	13	13	9

基于综合指数法测算结果,江苏省各设区市教育信息化发展综合指数如图1-1所示。南京、无锡、苏州、泰州、扬州、南通、常州七个设区市的综合指数在全省平均水平以上,镇江市的综合指数与省均水平持平,盐城、淮安、徐州、连云港和宿迁五个设区市的综合指数在全省平均水平以下。

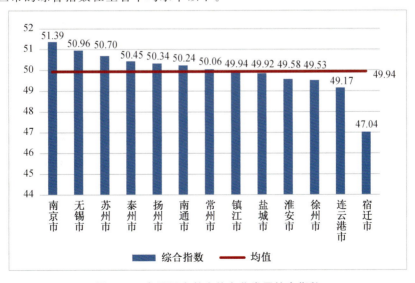

图1-1　各设区市教育信息化发展综合指数

1.1.2 基础设施维度发展指数

江苏省各设区市基础设施发展指数情况,如图1-2所示。南京、南通、泰州、常州、淮安、无锡、苏州、盐城和镇江九个设区市的基础设施发展水平位于全省平均水平以上。其中,南京市的基础设施发展水平排名第一,指数得分为53.88,南通市紧随其后,发展指数为51.73,泰州市排名第三,发展指数为51.65。而扬州、连云港、徐州和宿迁四个设区市的基础设施发展水平低于全省平均水平,其中宿迁市最低,指数得分为46.38。

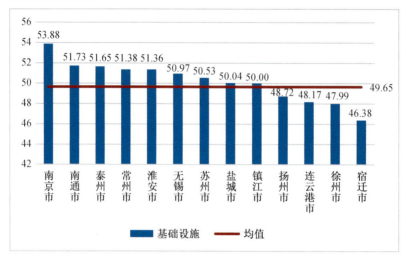

图1-2 基础设施维度各设区市发展指数

表1-3 基础设施维度发展指数

设区市	基础设施	校均多媒体教室数量占教室总数量的比例	实现所有多媒体教室全部联网的学校比例	每百名学生平均拥有终端数量(台)	每名教师的终端数量(台)	教师信息化终端中移动终端的比例	拥有创新实验室的学校比例	宽带接入100 M以上学校比例	建有无线网络的学校比例
南京	53.88	100.00	100.00	17.14	1.33	21.24	55.16	100.00	99.37
南通	51.73	98.44	89.83	15.06	1.00	28.42	49.61	100.00	91.93
泰州	51.65	99.45	96.91	15.88	1.23	24.44	49.13	100.00	72.78
常州	51.38	96.78	83.11	14.37	1.01	30.60	50.18	100.00	89.65
淮安	51.36	97.57	86.73	14.46	0.98	36.66	41.63	100.00	94.02
无锡	50.97	99.56	92.39	14.94	1.17	18.98	54.49	100.00	78.69
苏州	50.53	98.24	89.54	14.91	1.24	14.85	53.89	100.00	87.90
盐城	50.04	97.52	86.95	13.40	1.02	25.12	49.32	100.00	81.75
镇江	50.00	99.34	96.38	17.11	1.20	14.80	44.55	100.00	78.48
扬州	48.72	94.18	80.40	14.11	0.95	14.95	55.03	100.00	85.27
连云港	48.17	95.08	76.56	13.97	0.96	24.34	39.56	100.00	85.02
徐州	47.99	95.59	76.72	11.24	0.97	22.58	44.83	100.00	95.68
宿迁	46.38	96.73	70.24	10.32	0.96	30.11	34.93	100.00	79.84
全省均值	49.65	97.48	85.49	13.95	1.01	23.03	48.59	100.00	88.02

1.1.3 教育资源维度发展指数

江苏省各设区市教育资源发展指数情况,如图1-3所示。扬州、南京、泰州、镇江、南通、苏州、连云港和常州八个设区市的教育资源发展水平位于全省平均水平之上。其中,扬州市的教育资源发展水平最高,指数为52.01。而盐城、无锡、徐州、淮安和宿迁的教育资源发展水平位于全省平均水平之下,其中,宿迁市得分最低,指数为45.12。

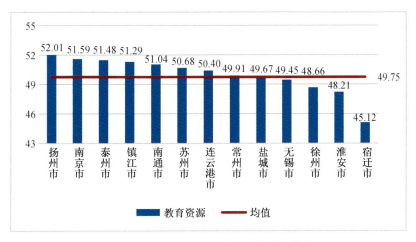

图1-3 教育资源维度各设区市发展指数

表1-4 教育资源维度发展指数

设区市	教育资源	接入地市及以上级别教育资源公共服务平台的学校比例	常用的网络空间支持平台为国家平台或省级平台的学校比例	拥有校本资源库的学校比例	开通学校空间的学校比例	开通学生网络学习空间的学生比例	开通教师网络学习空间的教师比例	主科均拥有与教材完整配套数字教学资源的学校比例	开设有人工智能课程的学校比例
扬州	52.01	99.67	80.07	89.20	99.43	94.11	98.39	87.17	65.79
南京	51.59	98.84	68.02	94.51	94.83	99.84	99.61	88.76	64.37
泰州	51.48	96.26	76.35	89.51	96.60	99.79	99.37	89.53	58.70
镇江	51.29	97.66	79.44	93.21	87.78	97.05	96.99	90.65	57.62
南通	51.04	99.25	73.68	85.50	80.98	95.50	98.38	92.98	68.70
苏州	50.68	99.32	68.54	83.68	91.63	94.35	94.85	90.27	67.81
连云港	50.40	98.68	77.48	80.70	87.24	88.81	91.75	89.74	67.79
常州	49.91	100.00	72.60	87.47	77.66	89.16	92.68	92.09	61.51
盐城	49.67	97.40	77.34	83.22	75.93	94.15	96.13	89.53	55.50
无锡	49.45	99.37	73.04	87.66	75.85	85.74	90.56	88.96	62.42
徐州	48.66	98.12	73.37	86.72	73.28	85.96	90.44	85.19	55.98
淮安	48.21	98.02	70.36	84.67	73.68	79.73	88.72	87.01	58.27
宿迁	45.12	98.62	69.55	67.26	63.10	68.93	79.07	86.24	52.75
全省均值	49.75	98.58	73.31	85.62	82.20	89.24	93.37	88.78	61.51

1.1.4 教学应用维度发展指数

江苏省各设区市教学应用发展指数情况，如图1-4所示。扬州、镇江、盐城、泰州、无锡、苏州、南京七个设区市的教学应用发展水平高于全省平均水平。其中，扬州市在这一维度上的发展指数最高，发展最好，指数为51.10，镇江市发展指数排名第二，指数为51.06，盐城市排名第三，指数为51.02，略低于扬州市和镇江市。而徐州、南通、淮安、连云港、常州和宿迁六个设区市的教学应用发展水平均低于全省平均水平，其中，宿迁市最低，指数为48.61。

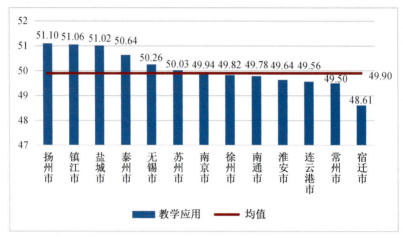

图1-4 教学应用维度各设区市发展指数

表1-5 教学应用维度发展指数

设区市	教学应用	学校网络空间实现常态化应用的学校比例	主科利用信息技术辅助课堂教学实现常态化应用的学校比例	应用空间开展教研的教师占开通空间教师数量的比例	应用空间进行网络教学的教师占教师总数的比例	多媒体教室使用率在80%以上的学校比例	以区域及以上教育资源平台作为获取数字教育资源的教师比例	在课堂教学环节经常使用数字教育资源的教师比例
扬州	51.10	88.89	99.34	88.15	82.68	71.80	88.59	52.85
镇江	51.06	87.85	100.00	94.06	93.62	67.30	88.11	49.86
盐城	51.02	85.68	98.70	95.58	94.85	67.80	86.31	50.56
泰州	50.64	84.01	97.97	94.01	93.15	56.51	86.28	56.72
无锡	50.26	89.24	98.13	91.21	86.17	68.25	81.02	49.84
苏州	50.03	88.79	98.30	90.59	89.07	68.21	81.26	47.53
南京	49.94	89.17	97.86	96.61	94.34	68.55	77.09	44.82
徐州	49.82	83.54	97.46	88.22	87.28	59.71	85.50	53.34
南通	49.78	90.23	98.74	92.10	88.61	62.85	84.44	46.43
淮安	49.64	83.00	98.04	87.09	84.58	64.66	81.37	51.91
连云港	49.56	89.77	97.02	87.99	88.14	65.12	89.81	44.20
常州	49.50	88.26	97.50	91.00	88.14	61.96	82.81	47.44
宿迁	48.61	85.78	97.27	79.36	71.65	56.36	80.95	55.93
全省均值	49.90	87.08	98.09	90.62	88.27	64.47	83.63	49.54

1.1.5 管理信息化维度发展指数

江苏省各设区市管理信息化发展指数情况,如图1－5所示。苏州、无锡和南京三个设区市的管理信息化发展水平位于全省平均水平之上,其中,苏州市管理信息化发展水平最高,指数为52.93,其次是无锡市,在该维度指数得分为52.54。常州、徐州、南通、盐城、淮安、连云港、扬州、泰州、镇江和宿迁十个设区市的管理信息化发展水平位于全省平均水平之下。

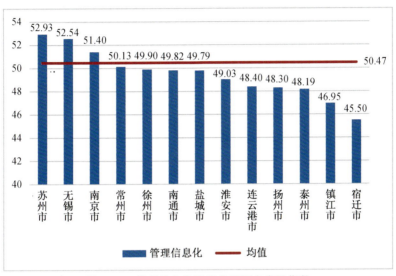

图1－5 管理信息化维度各设区市发展指数

表1－6 管理信息化维度发展指数

设区市	管理信息化	管理信息系统实现统一身份认证的学校比例	安全监控系统实现校园全覆盖(校门、教学楼、办公区)的学校比例	校园卡实现一卡通的学校比例	校园卡实现常态化应用的学校比例	开展管理信息基础数据应用的学校比例	管理信息基础数据实现常态化应用的学校比例	管理信息系统实现常态化应用的学校比例
苏州	52.93	73.81	93.88	28.02	24.96	96.59	80.24	87.80
无锡	52.54	68.55	94.67	27.84	25.56	94.03	81.45	86.88
南京	51.40	76.55	92.07	23.74	22.00	94.94	76.65	91.10
常州	50.13	71.43	91.43	21.09	20.29	96.06	78.49	91.46
徐州	49.90	69.39	90.40	22.80	21.03	93.71	76.27	85.29
南通	49.82	75.13	94.47	18.80	19.44	95.45	75.51	92.21
盐城	49.79	71.61	94.27	21.23	19.26	93.92	75.40	87.99
淮安	49.03	60.47	93.70	22.13	20.00	91.67	76.19	87.35
连云港	48.40	61.13	95.71	18.66	17.96	95.97	80.20	87.13
扬州	48.30	63.19	92.13	16.84	21.59	93.11	77.05	87.58
泰州	48.19	68.58	91.92	17.28	19.23	93.92	73.99	86.44
镇江	46.95	70.09	91.12	14.72	16.75	92.06	73.83	86.85
宿迁	45.50	64.09	90.83	14.85	14.35	92.73	71.36	81.74
全省均值	50.47	69.74	92.68	21.63	20.80	94.38	76.95	87.75

1.1.6 保障措施维度发展指数

江苏省各设区市保障措施发展指数情况，如图1-6所示。无锡、扬州和徐州三个设区市的保障措施发展水平位于全省平均水平之上。镇江、南京、泰州、苏州、连云港、宿迁、常州、淮安、盐城和南通十个设区市的保障措施发展水平低于全省平均水平。

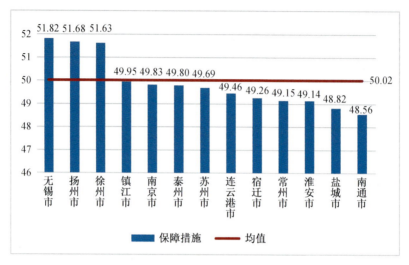

图1-6 保障措施维度各设区市发展指数

表1-7 保障措施维度发展指数

设区市	保障措施	信息化经费投入占学校同期教育经费支出平均比例	校级领导参加的省级(含)以上信息化相关培训的学校比例	学校信息技术课程专职教师比例	以机制促进教师信息技术在教育教学中应用的学校比例	最近一年教师人均晒课(地市级及其以上)节数	副校级及以上领导兼任主管领导(CIO)职位的学校比例	拥有信息化支持人员的学校比例	针对网络安全施行安全措施的学校比例
无锡	51.82	18.75	49.84	60.72	96.51	0.65	83.95	99.34	97.81
扬州	51.68	18.40	44.74	60.88	96.73	0.88	81.94	98.00	97.37
徐州	51.63	17.53	49.50	48.20	96.02	0.93	76.77	97.61	94.80
镇江	49.95	17.08	42.18	62.94	97.20	0.64	87.44	98.10	99.53
南京	49.83	18.60	45.79	63.99	96.70	0.49	80.84	98.20	96.71
泰州	49.80	18.22	43.84	62.82	96.30	0.60	79.15	97.59	95.62
苏州	49.69	19.23	46.23	62.08	96.76	0.42	84.64	99.13	97.79
连云港	49.46	17.51	47.68	59.72	96.04	0.43	81.05	99.32	97.34
宿迁	49.26	17.43	46.98	49.36	94.52	0.59	77.67	97.65	94.55
常州	49.15	18.92	44.09	55.90	96.80	0.46	85.99	98.55	98.93
淮安	49.14	18.54	44.00	52.04	96.06	0.57	81.51	97.97	95.26
盐城	48.82	18.60	44.24	49.03	95.82	0.51	83.06	98.65	97.91
南通	48.56	16.98	43.65	54.34	98.23	0.52	78.59	97.14	97.97
全省均值	50.02	18.16	46.11	56.17	96.46	0.59	81.21	98.22	96.85

2. 基础教育信息化发展概况

2.1 基础设施

基础设施是教育信息化建设的首要内容，是实现教育信息化战略的物质基础和首要条件。《教育信息化"十三五"规划》明确指出：要继续坚持推进"三通两平台"策略，把"三通工程"建设与全面提升教育信息化基础支撑能力结合起来，促进学校对硬件、软件和应用的一体化考虑，促进教育信息化走科学的投入、建设和应用之路。在信息化基础设施建设过程中，要通过有效的措施，提升教师在教学过程中对信息技术的应用，强化其应用信息技术开展教育教学的意识，避免基础设施建设与应用失衡，进而更好地开展信息化基础设施建设。

随着信息技术的快速发展并与教育教学逐步融合，教师的教学方式和学生的学习方式发生了深刻变革，我国教育信息化正逐步向教育现代化迈进。而基础设施作为教育信息化系统中的要素之一，它的建设内容随着教育信息化的发展在不断演变。在此次调查中，结合江苏省基础设施建设现状以及发展目标，从宽带网络建设、无线网络、多媒体教室、信息化终端等四个方面分析本次江苏省基础设施建设的具体情况。

2.1.1 宽带网络建设

校园网主干带宽是学校重点建设内容,其基本要求是为中小学校提供一个高速、便捷、稳定的网络环境。截至 2019 年底,江苏省中小学校园网主干带宽达到千兆级的学校占比最多,为 61%,其中,城市学校校园网主干带宽达千兆级的学校比例高达 63%,超过全省平均水平。而全省达到百兆级的学校比例是 37%,能达到万兆级的学校占比较少,比例为 2%。具体情况如图 2-1 所示。

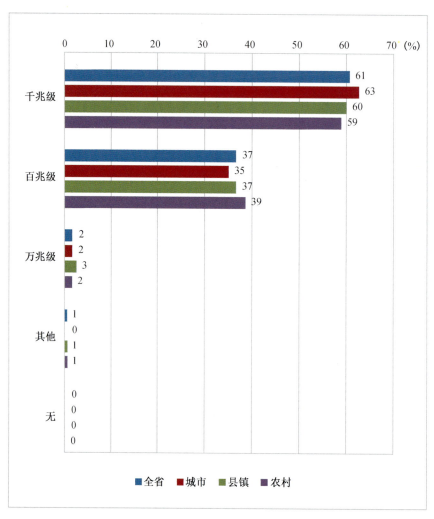

图 2-1 校园网主干带宽

2.1.2 无线网络

无线网络的建设可以实现随时随地的泛在学习、实时的管理交互,为学校提供一个先进、高效、可靠、实用的现代化教学、办公、生活网络环境。江苏省中小学校无线网络覆盖情况,具体如图 2-2 所示。截至 2019 年底,全省有 96% 的中小学校部署了无线网络,其中,全省 31% 的中小学校实现了校内无线网络的基本全覆盖,但仍有 4% 的学校没有无线网络。

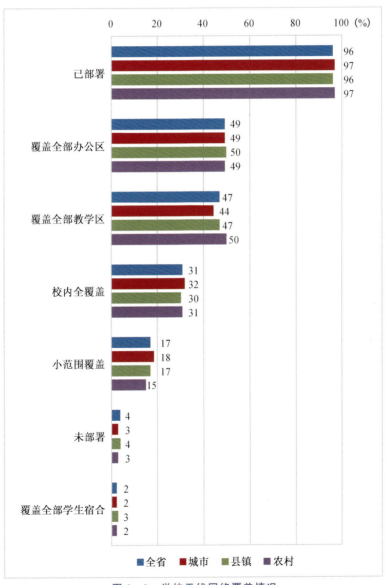

图 2-2 学校无线网络覆盖情况

2.1.3 多媒体教室

多媒体教室是学校开展现代化教学的主要场所,能辅助教师完成日常的多媒体教学任务。截至 2019 年底,江苏省中小学校班级教室中多媒体教室的平均数量为 32 间。其中,城市学校的多媒体教室数量最高,为 33 间;县镇学校的多媒体教室数量为 31 间;而农村学校的多媒体教室数量也有 30 间。江苏省中小学校班级教室中多媒体教室的数量具体情况如图 2-3 所示。

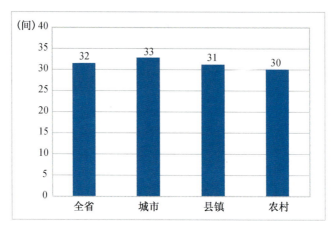

图 2-3 学校班级教室中多媒体教室的数量

多媒体教室的设备是教师开展信息化教学过程中不可或缺的教学工具,运用多媒体设备,能够帮助教师把一些抽象的理论具体形象地表现出来,使学生易于理解、便于掌握,从而提高知识讲授效率。其次,借助多媒体设备把学生对同一问题的不同理解进行反馈,能够充分增强师生、生生之间的互动研讨效果。调研显示,江苏省中小学校拥有多媒体教室的主要形态有实物投影仪、大屏幕液晶一体机、交互式电子白板+计算机、幕布+计算机+投影、交互式电子白板一体机、大屏幕液晶显示器+计算机等。截至 2019 年底,全省中小学校多媒体教室形态主要以实物投影仪设备为主,平均比例为 28%;其次使用较多的是大屏幕液晶一体机,占比为 13%;较少有中小学校使用大屏幕液晶显示器+计算机,其占比仅 5%。具体情况如图 2-4 所示。

2. 基础教育信息化发展概况

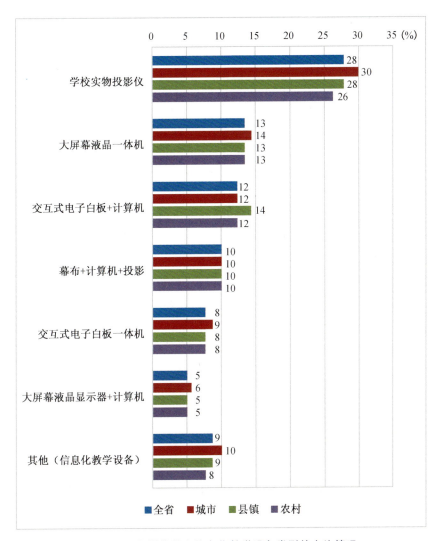

图 2-4 多媒体教室信息化教学设备类型的占比情况

创新教室是学生进行学习、实践、探究和创新的活动场所，可以促进学生在实验中学、在做中学、在探究中学，有利于增强学生的探究能力和创新意识。截至 2019 年底，江苏省中小学校创新教室的平均数量为 1.39 间，其中，城市学校的创新教室数量最高，为 1.50 间，其次是县镇学校，创新教室数量为 1.35 间，而农村学校的创新教室数量略低于县镇学校，为 1.34 间。江苏省中小学校创新教室的数量具体情况如图 2-5 所示。

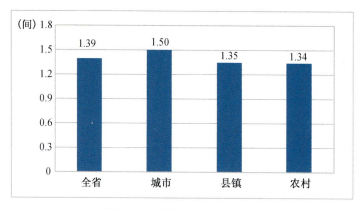

图 2-5　学校创新教室的数量

调研显示,江苏省中小学创建的创新实验室的主要类型有创客实验室、机器人实验室、3D 打印室、虚拟实验室、VR(虚拟现实)实验室、AR(增强现实)实验室等。截至 2019 年底,全省有 33% 的中小学校主要创建了创客实验室,其次,有 25% 的中小学创建了机器人实验室,具体情况如图 2-6 所示。

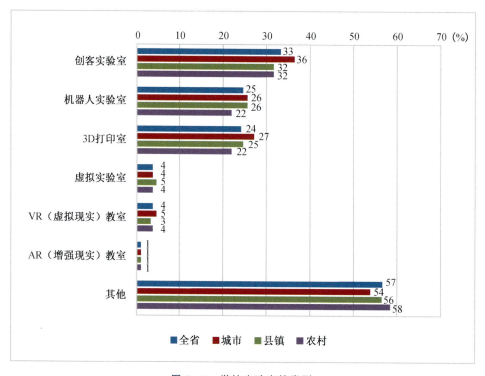

图 2-6　学校实验室的类型

2.1.4 信息化终端

信息化终端有助于改善课堂教学,为学生营造良好的数字化学习环境,从而有效提升教师的教学效果和学生的学习成效。调研显示,江苏省中小学教师在校教学所用信息化终端设备主要来源包括学校统一配备、个人购买等渠道。其中,全省平均 97% 的教师信息化终端来源于学校统一配备,个人购买的比例相对较低,为 34%,具体情况如图 2-7 所示。

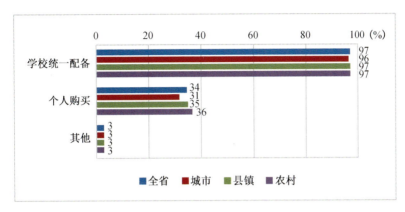

图 2-7 教师在校教学用信息化终端设备主要来源的比例

目前,江苏省中小学学生在校学习所用信息化终端设备主要来源包括学校统一配备和个人购买。其中,全省平均 92% 的学生信息化终端来源于学校统一配备,13% 的学生信息化终端是来源于个人购买,具体情况如图 2-8 所示。

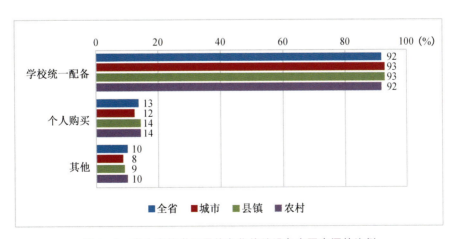

图 2-8 学生在校学习用信息化终端设备主要来源的比例

2.2 教育资源

在我国教育信息化发展战略中,教育资源一直是备受关注的要点内容之一。2018 年教育部印发的《教育信息化 2.0 行动计划》中提出要开展数字资源服务普及行动,持续推动教育资源建设与发展;2019 年 2 月,教育部办公厅印发的《2019 年教育信息化和网络安全工作要点》中再次提出要继续推动数字资源服务普及,不断扩大优质教育资源覆盖面,提升教育服务供给能力的核心目标。教育资源建设及应用工作始终受到格外重视。在教育资源的建设过程中,需要注重联结建设与应用的顶层设计、多方联动协同发力,有效保障教育资源普及行动的分层推进。

在教育信息化背景下,各地学校应积极投身于教育资源共建共享的实践,有效补充学校教育资源,探索学校教育教学质量的新发展。教育资源共建共享的最终指向在于教育资源的利用,开放共享的教育资源只有与课堂教学相结合才能持续焕发生命力。在此次调查中,结合江苏省教育资源建设现状以及发展目标,设置校本资源、数字教育资源、网络学习空间、人工智能课程等方面为本次教育资源的主要分析内容。

2.2.1 校本资源

校本资源是由学校组织和规划,由学校师生共同建设和维护,以满足学校师生工作学习中需求的教育资源。截至 2019 年底,全省平均 77% 的学校建设了校本资源库,其中,城市学校和县镇学校占比均为 78%,农村学校占比为 77%。校本资源库建设模式主要有三种:自主研发、购买服务以及委托研发。全省校本资源库建设中,自主研发的中小学校占比为 42%,其中,城市学校和县镇学校选择自主研发校本资源库的比例均高于全省水平,均为 43%,而农村学校自主研发校本资源库比例偏低,为 41%。另外,全省选择直接购买校本资源库的中小学占比为 50%,委托研发的中小学占比为 21%,具体情况如图 2-9 所示。

2. 基础教育信息化发展概况

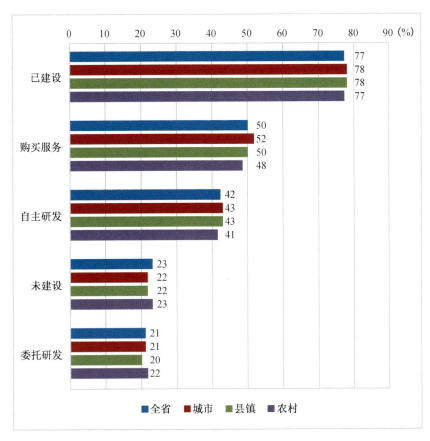

图 2-9 学校校本资源库建设模式的比例

2.2.2 数字教育资源

与教材配套的数字教育资源是教师备课的重要参考资料，可有效提升教师教学质量，同时可帮助学生更好地理解教材、提高学生学习效率。截至 2019 年底，学校所有课程中拥有与教材完整配套数字教育资源的课程包括语文、数学、音乐、美术等学科，具体情况如图 2-10 所示。其中全省占比居前三的课程是英语、语文、数学，其次是信息技术，占比 77%，而思想品德、历史与社会和通用技术等学科拥有配套数字教育资源的比例较低。

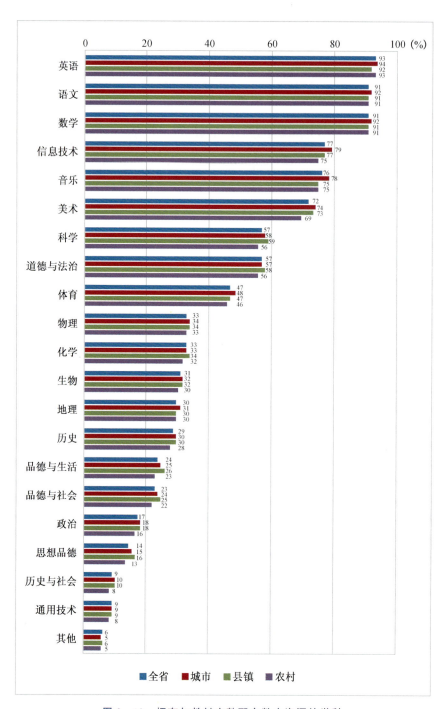

图 2-10 拥有与教材完整配套数字资源的学科

2. 基础教育信息化发展概况

随着计算机技术、网络技术和多媒体技术等信息技术的发展及其在教育中的应用，数字化教育资源日益受到教师的青睐。作为教育信息化的践行者，多元化的资源获取途径对提高教师工作效率至关重要。根据调研数据显示，江苏省各地教师获取的数字资源主要包括在线开放、公开的数字资源，学校购买、引进的数字资源，学校自主研发的数字资源，学校与企业合作研发的数字资源等。其中，江苏省教师获取在线开放、公开的数字资源的比例最高，达到80%，其次是学校购买、引进的数字资源，占比为69%，而学校自主研发的数字资源占比为39%，学校与企业合作研发的数字资源占比最低，为10%。具体情况如图2-11所示。

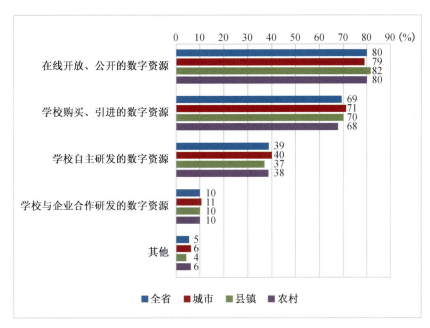

图2-11 数字资源主要来源比例

2.2.3 网络学习空间

网络学习空间是信息化背景下的一种虚拟学习环境，是一种具有智能推送学习资源、动态感知学习情景、高效支持深度互动、自动测评学习成果等功能的学习环境。根据调研数据显示，全省82%的中小学校主要使用区县级网络空间支持平台，其中，县镇学校和城市学校使用区县级的网络空间支持平台比例高于全省平均水平，分别为84%和83%，而农村学校使用区县级的网络空间支持平台比例低于全省平均水平,为80%。此外,全省使用国家级网络空间支持平台的比例较少,为53%,但县镇学校使用国家级网络空间支持平台比例高于全省水平,为54%。具体如图2-12所示。

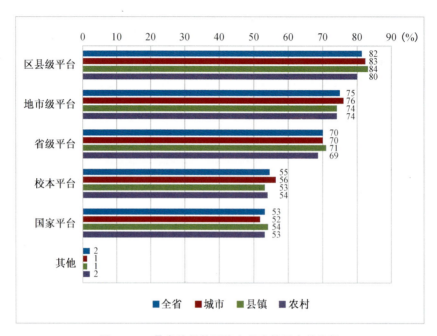

图2-12　最常使用的网络空间支持平台的比例

2.2.4 人工智能课程

随着AI技术的发展,人工智能已经广泛应用到许多领域。实施全民智能教育项目,在中小学阶段设置人工智能相关课程,对于推动人工智能领域学科建设、完善人工智能教育体系等具有重要意义。教育部办公厅印发的《2019年教育信息化和网络安全工作要点》中明确指出,要推动在中小学阶段设置人工智能相关课程,逐步推广编程教育。截至2019年底,全省人工智能开课形式主要包括选修课、必修课和拓展课/社团等。其中,拓展课/社团占比最高,全省平均占比为56%,城市学校占比为58%,县镇学校占比为56%,农村学校占比为54%,具体情况如图2-13所示。

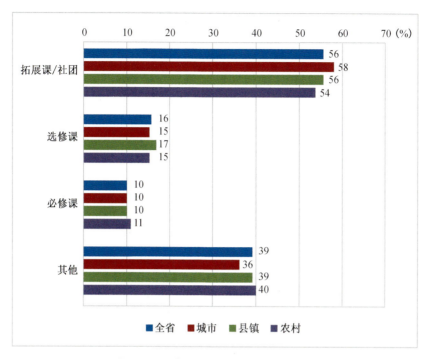

图 2-13 人工智能课程开设形式比例

2.3 教学应用

以现代教育技术为核心的多媒体教学正在改变着学校的教学面貌。在新的形势下,掌握现代信息技术并正确合理地运用到教学中是信息化时代进行教育教学的基本要求。2018年教育部发布的《关于加强网络学习空间建设与应用的指导意见》提出,将网络空间作为基于信息技术教育教学的基本环境,实现基于空间的教与学应用、教学管理、教育治理的常态化。《2019年教育信息化和网络安全工作要点》提出要继续实施教育信息化教学应用实践共同体项目,探索推进信息化教学应用的长效机制。教学应用始终是教育信息化发展的重要内容。

教育教学与信息技术的深度融合,不仅能够营造出更好的教学氛围,还可以使学生与学生之间、学生与教师之间获得更加高效与完善的互动交流,促进教育教学效果增强,推动教育教学不断革新发展。在此次调查中,结合江苏省教学应用建设现状以及发展目标,将信息技术教学应用和网络学习空间应用两部分作为教学应用的主要分析内容。

2.3.1 信息技术教学应用

信息技术的教学运用,不仅可以辅助教师丰富课堂教学内容,还有助于培养学生的创新精神和实践能力,使学生的全面发展成为可能。在多媒体教室中开展教育教学活动,既可以提升学生的学习兴趣与效率,促进学生理解掌握知识,还可以培养学生的自主学习能力。截至 2019 年底,全省多媒体教室平均使用率在 90% 以上的学校占比为 42%,其中,城市学校比例略高,为 44%;县镇学校占比与全省平均水平持平,为 42%;农村学校比例略低,为 40%。具体情况如图 2-14 所示。

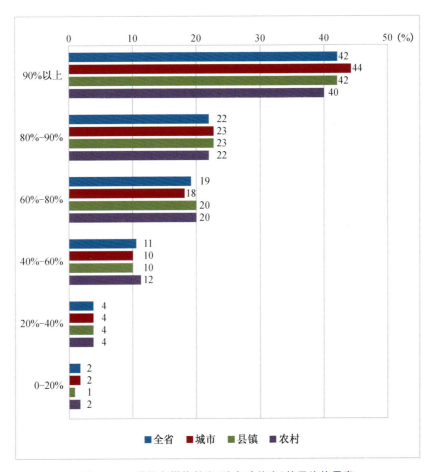

图 2-14 学校多媒体教室(除多功能室)的平均使用率

根据调研结果显示,全省学校的平均每间计算机教室排课量为每周 12.97 课时,县镇学校每间计算机教室平均排课量高于全省水平,为每周 13.40 课时,而城市和农村学校每间计算机教室平均排课量略低,分别为每周 12.93、12.70 课时,具体情况如图 2-15 所示。

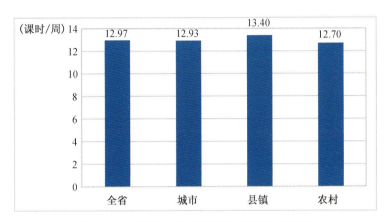

图 2-15 学校每间计算机教室的平均排课量

2.3.2 网络学习空间应用

网络学习空间作为支持在线教学的重要环境,在促进教育教学领域变革、引领教育服务模式创新、推动教育信息化升级转型等方面具有重要的作用。教师可利用网络学习空间,便捷使用各类教学应用,既可以辅助教师进行学籍管理、班级组织管理、加强家校互动等,还有助于教师借助网络空间数据记录学生学习行为、生成学生成长报告、对学生进行学情分析和学情预警,同时,借助网络空间也可以方便进行教师考核管理等。调研数据显示,江苏省使用中小学网络空间常用于学籍管理、数字资源共享、家校互动,使用比例均高于 75%。相对而言,江苏省中小学使用网络空间进行班级组织管理、学生学习行为记录、学情分析和学情预警以及学生成长报告生成较低,均低于 50%。具体情况如图 2-16 所示。

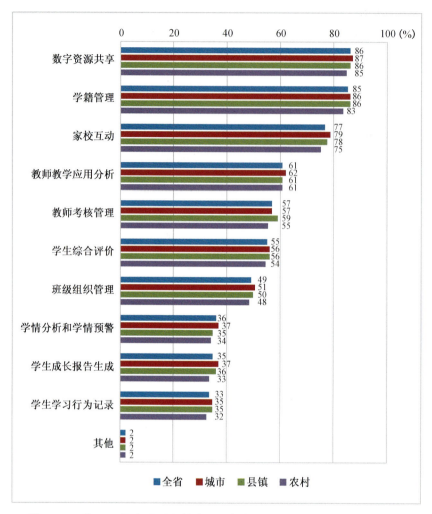

图 2-16 基于区/县级及以上教育云平台的学校网络空间的常用功能占比

2.4 管理信息化

　　教育管理是通过组织协调教育队伍,发挥教育人力、财力以及物力等作用,高效实现教育管理目标的活动过程,是教育系统的重要组成部分,也是教育信息化的有机组成部分。《教育信息化"十三五"规划》提出深入推进管理信息化,从服务教育管理拓展为全面提升教育治理能力。《2019年教育信息化和网络安全工作要点》指出加强教育管理信息化统筹管理,加强管理信息化的顶层设计。可见,借助新兴技术,对学校的教育教学、师生生活等工作进行信息化管理具有重要作用。

为推动教育管理信息化工作,各学校可以积极搭建学校门户网站等信息化管理平台,建设功能完备的学校信息管理系统。在此次调查中,结合江苏省管理信息化建设现状,将信息化管理系统和一卡通系统的应用作为本次管理信息化的主要分析内容。

2.4.1 信息化管理系统

应用信息化管理系统不仅可以为学校创设高效的共享环境和管理环境,同时规范了学校各项工作。调研显示,江苏省中小学常用的信息化管理系统功能主要包括:教务管理、学生管理、财务管理、设备资产管理、人事管理、行政管理等。其中,最常使用的功能是教务管理和学生管理,比例都达到85%以上;行政管理功能使用最少,全省平均占比为64%。具体如图2-17所示。

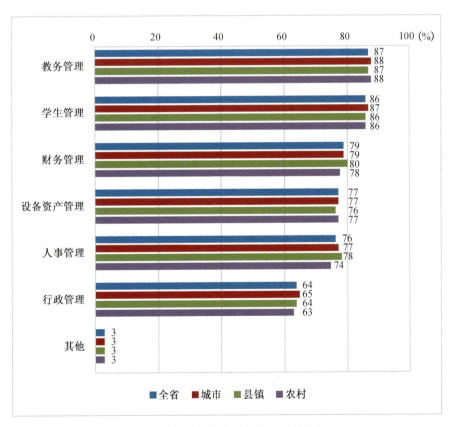

图 2-17 学校管理信息系统常用功能占比

截至 2019 年底,全省学校管理信息系统实现统一身份认证的比例为 70%,其中,城市学校管理信息系统实现统一身份认证的比例最高,为 72%,农村学校管理信息系统实现统一身份认证的比例为 70%,县镇学校管理信息系统实现统一身份认证的比例最低,仅为 68%。具体情况如图 2-18 所示。

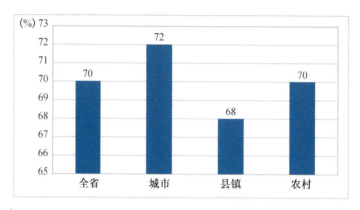

图 2-18 学校管理信息系统实现统一身份认证的比例

目前,教育大数据的重要性已经提升到国家战略层面,教育大数据中心建设和区域数据共建共享应用成为主要的建设模式,对个体学习全过程数据分析和精准数据评测学习成为主要的应用场景,从而通过宏观和微观两方面的建设,带动教育领域的广泛关注和重视。在大数据背景下,管理信息基础数据可为教育工作者的工作总结、学校规划、学情分析和绩效考核等提供依据。全省学校现有管理信息基础数据用于家校互动的比例最高,为 77%,其中,城市学校占比最高,为 78%,县镇和农村学校占比较低,均为 76%。其次是用于部门/学校工作总结,比例为 65%。此外,在教师个人评聘、学校规划制定、部门绩效考核等方面,管理信息基础数据应用比例均低于 50%。在业务流程重组和再造方面,管理信息基础数据应用比例仅为 19%,其中,农村学校占比最高,为 20%,其次是县镇学校和城市学校,分别为 19% 和 18%。具体情况如图 2-19 所示。

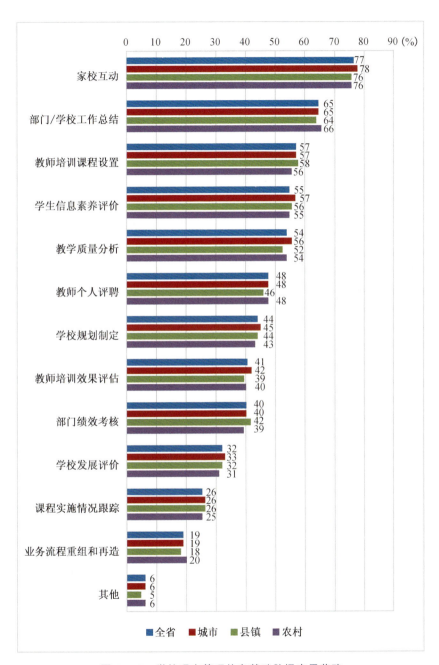

图 2-19 学校现有管理信息基础数据应用范畴

2.4.2 一卡通系统的应用

校园一卡通的建设,不仅极大地方便了广大师生的工作、学习与生活,同时加强了师生的全面管理,并与学校其他信息基础设施相配合,促进校园信息化管理水平的提高。截至 2019 年底,全省共有 22％的学校开通了校园一卡通服务,城市学校开通比例较高于全省平均水平,为 24％,县镇学校和农村学校开通一卡通服务比例较低,分别为 21％和 20％,具体情况如图 2-20 所示。

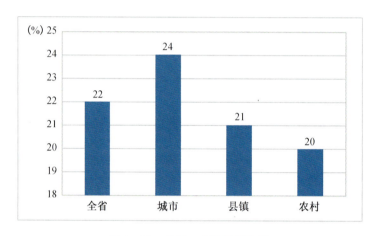

图 2-20 校园一卡通开通比例

校园一卡通系统以学校校园网为载体进行建设,是集身份识别、校内消费、校务管理、金融服务为一体的新型数字化校园核心应用项目,它不仅是数字化校园系统重要的有机组成部分之一,是数字化校园的基础工程,是教育信息化建设的基础支撑点之一,也是"数字化校园"建设的切入点。校园一卡通系统能方便全校师生实现身份识别、图书借阅、校内消费等各种功能。随着学校信息化的不断发展,校园一卡通的功能越来越全面。截至 2019 年底,全省开通校园一卡通实现图书证功能的比例最高,占比为 32％,其次是学生证功能,比例为 25％,开通比例较低的是购物卡和医疗卡功能,分别为 2％和 3％。具体情况如图 2-21 所示。

2. 基础教育信息化发展概况

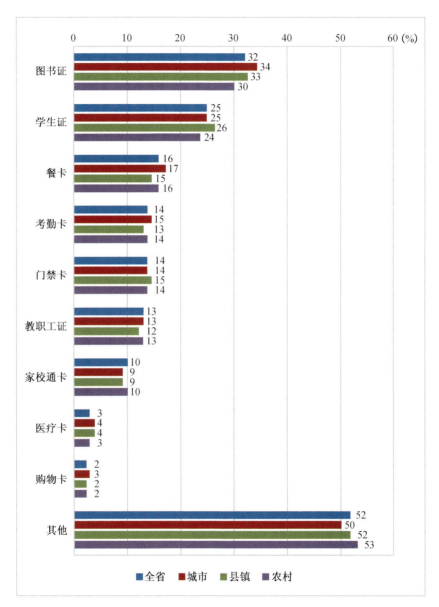

图 2-21　校园一卡通实现的功能占比

2.5 保障措施

《教育信息化"十三五"规划》针对教育信息化发展规划专门提出了保障措施，要求各级各类学校要理顺信息化管理体制，明确行政职能管理部门，完善教育信息化组织领导体制，要建立"一把手"责任制，主要领导亲自抓信息化工作。《2019年教育信息化和网络安全工作要点》也提出要持续做好教师和管理干部教育信息化培训，推进关键信息基础设施保障工作。教育要面向现代化，面向世界，面向未来，适应21世纪的需要，就必须加快教育信息化步伐，尤其要加强领导、统筹规划、规范管理，各方积极承担起自己必须担负的信息化建设职责，多方面给予足够的保障和支持。

为实现教育信息化合理有序开展，各学校应适当增加信息化经费投入比例，提高学校信息领导能力，并制定有效的保障措施。在此次调查中，结合江苏省保障措施相关方面的建设现状，设置信息化经费投入、信息化领导力、教师信息化应用能力、信息化运维能力、学校安全监控系统、信息化保障措施、网络安全等七部分为本次保障措施的主要分析内容。

2.5.1 信息化经费投入

教育信息化是一项系统工程，充足的信息化经费投入是保证其顺利开展的必要条件之一。截至2019年，全省教育信息化经费投入占学校同期教育总经费支出的比例情况，如图2-22所示。全省中小学教育信息化经费总计投入占学校同期教育总经费支出的平均比例为18.2%。其中，城市的这一比例为18.3%，县镇为18.5%，农村为18.0%。

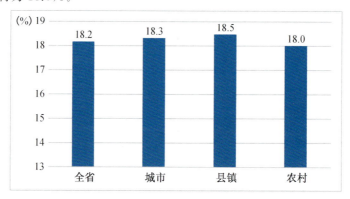

图2-22 学校信息化经费占总经费的比例

2. 基础教育信息化发展概况

信息化经费科学有效的管理，确保经费支出合理，可为教育信息化可持续发展提供基本保障。调研显示，学校信息化经费使用主要包括网络建设与设备购置费用、运行与维护费用、培训费用、数字资源与平台开发费用以及研究费用等。截至2019年底，江苏省信息化经费投入中网络建设与设备购置费用占比为49%，运行与维护费用占比为16%，培训费用占比为14%，数字资源与平台开发费用占比为13%，研究及其他费用占比为8%。具体情况如图2-23所示。

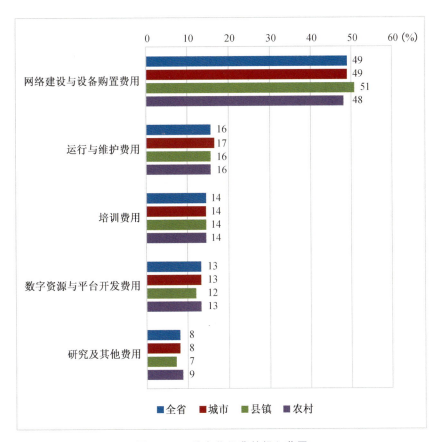

图 2-23 信息化经费的投入范围

2.5.2 信息化领导力

信息化领导力是推动学校教育信息化发展的关键。截至 2019 年底,江苏省中小学校主管信息化建设领导级别情况如图 2-24 所示。全省 54% 的学校由副校级领导负责信息化建设,其中,城市有 55% 的学校是由副校级领导负责信息化建设工作,县镇有 54% 的学校是由副校级领导负责,农村则是有 52% 的学校是由副校级领导负责。另外,江苏省全省有 28% 的学校由正校级领导负责信息化建设,11% 的学校由教务处主任负责信息化建设。

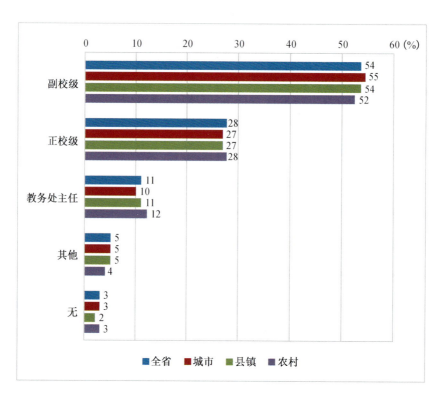

图 2-24 不同级别的领导主管信息化建设的学校比例

教育信息化是学校在多变的现代社会所面临的新的挑战,在教育信息化 2.0 时代背景下,学校应该进一步强化教育基础能力建设,推进智能技术赋能教育产业,助力我国教育领域从数字化、网络化向智能化加速跃升,全面实现智慧教育。面对这一新的挑战,学校领导者需要依靠自身较强的信息化领导能力加以应对。

2. 基础教育信息化发展概况

其中,参加信息化培训是提升其信息化领导力的有效方式,提升学校领导信息化素养可有效促进学校信息化的发展。截至 2019 年底,全省校领导参加信息化培训情况,如图 2-25 所示。全省校领导参加的信息化培训以区县级和地市级培训为主,其次是省级培训,仍有少部分学校的校领导未参加任何形式的信息化培训。其中,全省有 72% 的校领导参加了区县级信息化培训,64% 的校领导参加了地市级信息化培训,44% 的校领导参加了省级信息化培训,15% 的校领导参加了国家级信息化培训。

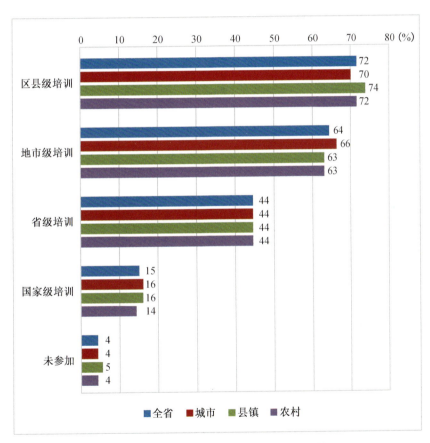

图 2-25　最近一年校领导参加信息化培训情况

校领导参加信息化培训的次数也会影响到领导信息化素养。据调查统计,江苏省中小学校领导参加信息化培训的次数平均为每年 5.55 人次,其中城市学校领导和县镇学校领导均为每年 5.36 人次,农村学校领导为每年 5.74 人次。具体情况如图 2-26 所示。

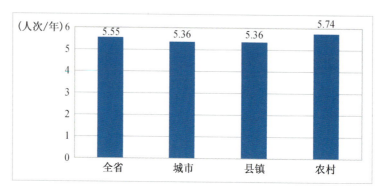

图 2-26 校领导参加各级信息化培训情况

2.5.3 教师信息化应用能力

江苏省中小学信息技术课程教师情况如图 2-27 所示。全省中小学校平均拥有信息技术课程专职教师 1.08 人,其中,城市学校最高,为 1.15 人,其次是县镇学校,为 1.07 人,而农村学校拥有信息技术课程专职教师最少,为 1.04 人。

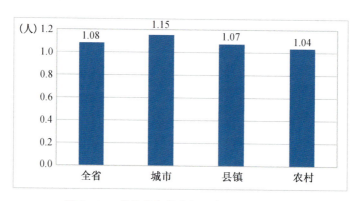

图 2-27 学校信息技术课程专职教师平均数

截至 2019 年底,全省中小学教师最近一年参加信息技术培训的教师平均比例为 53%,其中城市学校比例为 54%,县镇学校比例为 53%,农村学校比例为 52%。具体情况如图 2-28 所示。

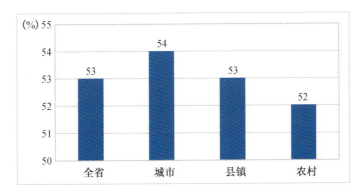

图 2-28　最近一年参加信息技术培训的教师比例

江苏省中小学教师晒课情况如图 2-29 所示。全省中小学校校均总晒课量为 58 节,其中城市学校教师晒课数量为 57 节,县镇学校教师晒课数量为 59 节,农村学校教师晒课数量为 58 节。

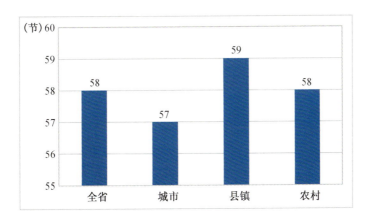

图 2-29　教师晒课情况

江苏省中小学校组织的信息化校本培训情况,如图 2-30 所示。全省中小学校校均组织信息化校本培训 5.03 次,其中城市学校组织 5.19 次,县镇学校组织 4.92 次,农村学校组织 4.87 次。

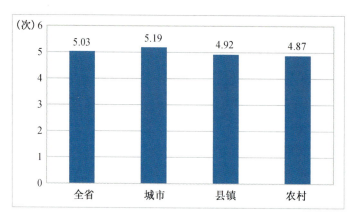

图 2-30　学校组织的信息化校本培训次数

2.5.4　信息化运维能力

信息化支持人员为学校信息化发展提供支持,是维护学校教育系统健康运转的重要力量。江苏省中小学信息化支持人员情况如图 2-31 所示。截至 2019 年底,江苏省中小学校均拥有信息化支持人员 2.35 名,其中,城市学校校均拥有 2.44 名,县镇学校拥有 2.36 名,农村学校拥有 2.29 名。

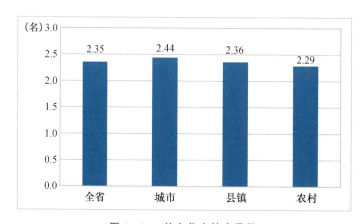

图 2-31　信息化支持人员数

2.5.5 学校安全监控系统

加强校园安全防范管理,维护校园的正常治安环境,提高学校现代化的教学管理水平,对校区安装视频监控系统,对重点部位加强监控系统和报警系统联动,已经成为所有校园技防建设的共识。校园监控系统对于维护学校安全和文明建设起到了很重要的作用。江苏省学校安全监控系统覆盖区域情况,如图 2-32 所示。截至 2019 年底,全省 98% 的中小学安全监控系统覆盖了校门和教学楼区域,办公区和操场的安全监控系统覆盖率也均在 90% 以上。此外,校园安全监控系统覆盖到生活区的比例最低,为 64%。

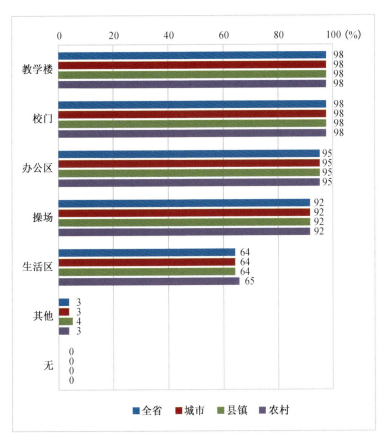

图 2-32 学校安全监控系统区域覆盖率

2.5.6 信息化保障措施

为保障教育信息化建设工作协调发展、持续推进，实现预期建设目标，在推进教育信息化的进程中，不仅要构建管理体制和运行机制，保障教育信息化建设，还要提高教师信息技术与教育教学融合的能力。其中，学校制定良好的信息化保障措施，对于进一步强化和规范学校信息化管理，加强信息化平台建设，提高教师信息化应用能力，促进信息技术与教育教学的有效整合具有重要作用。截至2019年底，85％的学校制订了教师信息技术应用能力培训计划，68％的学校建立了教师信息技术应用能力达标标准，67％的学校将信息化教学能力纳入教师评聘考评体系，58％的学校开展教师信息素养评价，如图2－33所示。

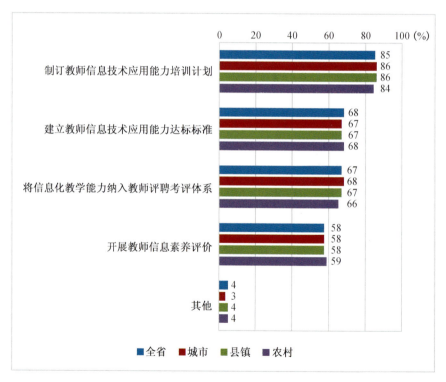

图 2－33　为促进教育信息化应用而采取相应措施的学校比例

2. 基础教育信息化发展概况

2.5.7 网络安全

《2019年教育信息化和网络安全工作要点》指出，要做好教育信息化和网络安全的统筹部署与协调。网络安全是数字化校园健康运行的基本保证，校园网络安全主要包括软硬件系统的安全和信息安全。随着数字化校园应用的普及，网络安全问题日益重要，学校需要采取必要措施来健全学校信息系统的安全防护，并完善网络系统。根据调研显示，截至2019年底，全省82%的学校开展了网络安全专题培训、制订了网络与信息安全应急预案。此外，72%的学校建立了网络与信息安全技术防护体系，58%的学校完成了信息系统安全等级保护定级工作。具体情况如图2-34所示。

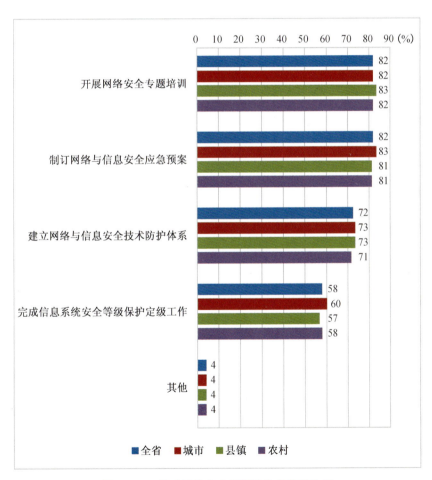

图2-34 针对网络安全采取措施的学校比例

为了防止和避免遭受攻击和入侵,以确保网上信息的安全,网络安全系统起到了很大的作用。调研显示,江苏省中小学校网络安全系统具备的功能主要包括:网络防病毒、信息过滤、网络运行故障监测、入侵检测以及数据备份和容灾等。其中,全省平均85%的学校网络安全系统具备网络防病毒功能,占比最大;其次是信息过滤功能和网络运行故障监测功能,占比分别为74%和64%。相比之下,网络安全系统具备入侵检测以及数据备份和容灾功能的学校占比较低,均小于60%。具体如图2-35所示。

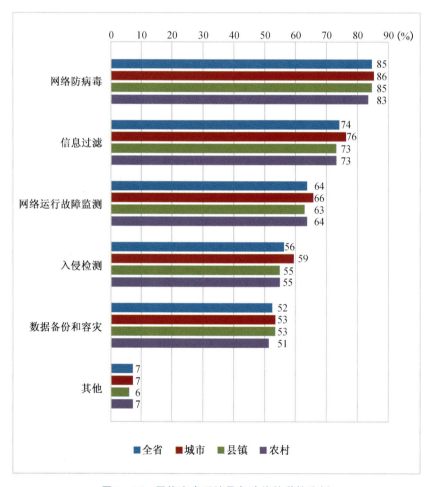

图2-35 网络安全系统具备功能的学校比例

2.6 各设区市教育信息化对比

2.6.1 教育信息化基础设施建设

各地市宽带接入 100 M 以上学校比例情况，如图 2-36 所示。所有地市的宽带接入 100 M 以上的学校比例均达到 100%。

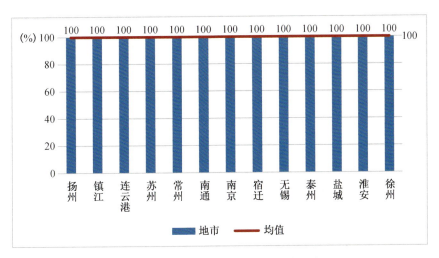

图 2-36　宽带接入 100 M 以上学校比例

各地市校园网主干带宽达到百兆级以上的比例情况，如图 2-37 所示。镇江、宿迁、盐城等五个地市校园网主干带宽达到百兆级以上的比例均达 100%。徐州市校园网主干带宽达到百兆级以上的比例最低，为 98%。

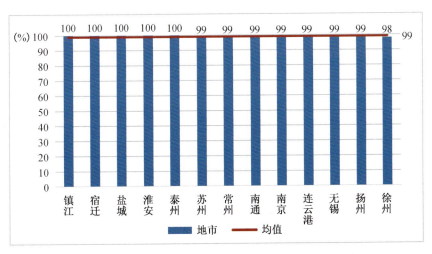

图 2-37　校园网主干带宽达到百兆级及以上的学校比例

各地市建有无线网络的学校比例情况,如图 2-38 所示。南京、徐州、淮安、南通和常州五个市建有无线网络的学校比例高于全省平均水平。其中,南京建有无线网络学校的比例最高,为 99%;其次是徐州和淮安,分别为 96% 和 94%;泰州市建有无线网络学校的比例最低,为 73%。

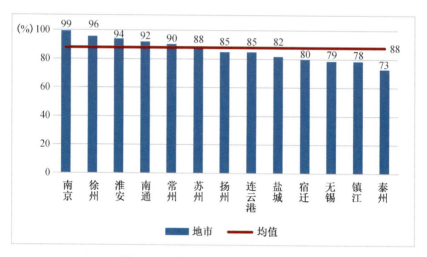

图 2-38 建有无线网络的学校比例

各地市配备交互性设备的教室比例情况,如图 2-39 所示。南通市配备交互性设备的教室比例最高,为 97%;其次是宿迁市,为 88%;常州市配备交互性设备的比例最低,为 57%,远低于全省平均水平。

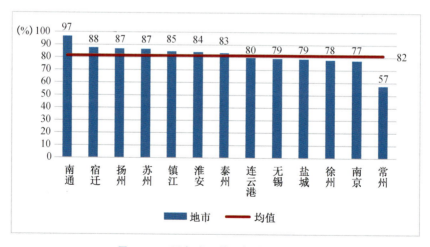

图 2-39 配备交互性设备的教室比例

各地市实现所有多媒体教室全部联网的学校比例情况,如图 2-40 所示。南京市实现所有多媒体教室全部联网的比例最高,为 100%;其次是泰州市和镇江市,分别为 97% 和 96%;宿迁市实现所有多媒体教室全部联网的学校比例最低,为 70%。

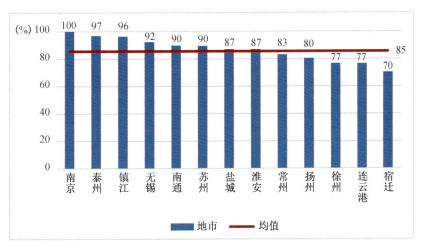

图 2-40 实现所有多媒体教室全部联网的学校比例

各地市实现所有教室接入数字教育资源的学校比例情况,如图 2-41 所示。南京市实现所有教室接入数字教育资源的学校比例最高,为 100%;而宿迁市实现所有教室接入数字教育资源的学校比例最低,为 70%,低于全省平均水平。

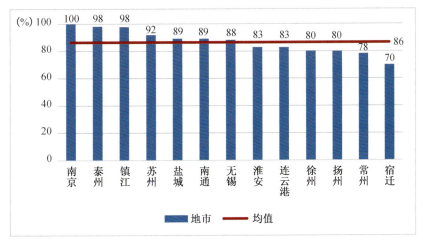

图 2-41 实现所有教室接入数字教育资源的学校比例

各地市拥有录播教室的学校比例情况,如图 2-42 所示。除镇江市外,其他地市拥有录播教室的学校比例均低于 80%,而镇江市拥有录播教室的学校比例最高,为 92%;常州、泰州、徐州和连云港四个市拥有录播教室的学校比例均低于全省平均水平,其中,连云港市拥有录播教室的学校比例最低,为 34%。

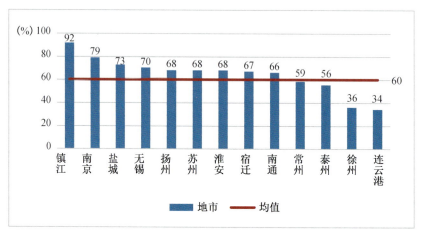

图 2-42 拥有录播教室的学校比例

各地市校平均多媒体教室数量占教室总数量的比例情况,如图 2-43 所示。除扬州市外,其他地市校均多媒体教室数量占教室总数量的比例均高于 95%,其中,南京市和无锡市校均多媒体教室数量占教室总数量的比例最高,为 100%;扬州市校均多媒体教室数量占教室总数量的比例最低,为 94%,略低于全省平均水平。

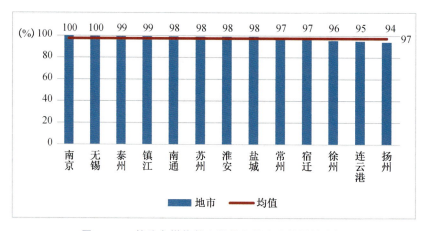

图 2-43 校均多媒体教室数量占教室总数量的比例

各地市拥有多媒体教室的学校比例情况,如图 2-44 所示。扬州、镇江、常州等九个市拥有多媒体教室的学校比例均为 100%。除了连云港市外,所有地市拥有多媒体教室的学校比例均在 99% 及其以上。连云港市拥有多媒体教室的学校比例为 98%,略低于全省平均水平。

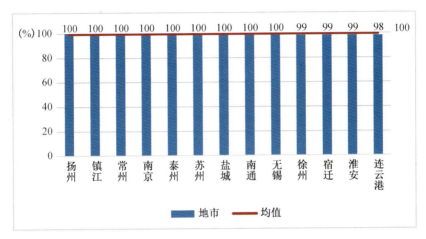

图 2-44 拥有多媒体教室的学校比例

各地市拥有创新实验室的学校比例情况,如图 2-45 所示。南京市和扬州市拥有创新实验室的学校比例最高,为 55%;宿迁市拥有创新实验室的学校比例最低,为 35%,低于全省平均水平。

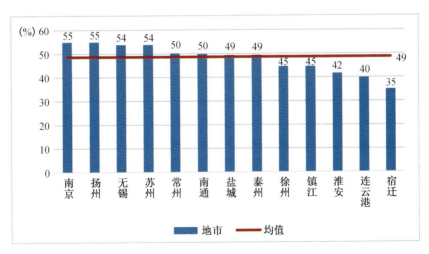

图 2-45 拥有创新实验室的学校比例

各地市每名教师的终端数量情况,如图 2-46 所示。南京、苏州、泰州等七个地市每名教师的终端数量均高于或持平于全省平均水平。其中,南京市每名教师的终端数量最多,人均 1.33 台;扬州市每名教师的终端数量最少,人均 0.95 台。

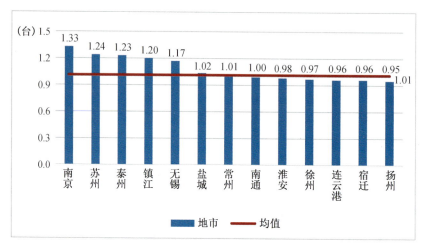

图 2-46　每名教师的终端数量

各地市学生学习用信息化终端中移动终端的比例情况,如图 2-47 所示。南京、常州、淮安和宿迁七个市学生学习用信息化终端中移动终端的比例高于或持平于全省平均水平。其中,南京市学生学习用信息化终端中移动终端的比例最高,为 27%;盐城市学生学习用信息化终端中移动终端的比例最低,为 7%,远低于全省平均水平。

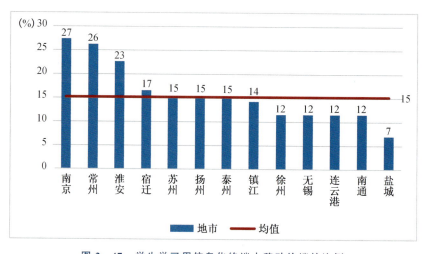

图 2-47　学生学习用信息化终端中移动终端的比例

2. 基础教育信息化发展概况

各地市教师信息化终端中移动终端的比例情况,如图 2-48 所示。淮安、常州、宿迁等八个市教师用信息化终端中移动终端的比例高于或持平于全省平均水平。其中,淮安市教师信息化终端中移动终端的比例最高,为 37%;扬州、苏州和镇江三个市教师信息化终端中移动终端的比例最低,为 15%。

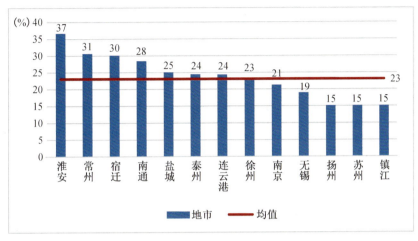

图 2-48 教师信息化终端中移动终端的比例

各地市每百名学生平均拥有终端数量情况,如图 2-49 所示。南京市每百名学生平均拥有终端数量最多,为 17.14 台;镇江市每百名学生平均拥有终端数量紧随其后,为 17.11 台;泰州市在这一维度上的发展排名第三,每百名学生平均拥有终端数量为 15.88 台。而盐城、徐州和宿迁三个市的每百名学生平均拥有终端数量低于省均值,宿迁市每百名学生平均拥有终端数量最低,为 10.32 台。

图 2-49 每百名学生平均拥有终端数量

47

2.6.2 数字化教育资源与应用

各地市语文、数学、英语三门学科均拥有与教材完整配套数字教学资源的学校比例情况,如图 2-50 所示。南通、常州、镇江等九个地市语文、数学、英语三门学科均拥有与教材完整配套的数字教学资源的学校比例均高于或持平于全省平均水平。其中南通市此三门学科均拥有与教材完整配套的数字教学资源的学校比例最高,为 93%;位居第二的是常州市,占比为 92%;徐州市比例最低,为 85%。

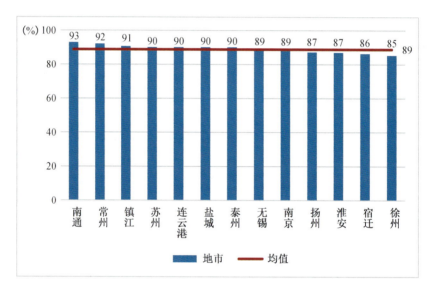

图 2-50 语文、数学、英语三门学科均拥有与教材完整配套的数字教学资源的学校比例

各地市拥有校本资源库的学校比例情况,如图 2-51 所示。无锡、常州、苏州等八个市拥有校本资源库的学校比例高于或持平于全省平均水平;其中,无锡市和常州市拥有校本资源库的学校比例最高,为 82%。盐城、泰州和淮安等五个地市拥有校本资源库的学校比例均低于全省平均水平,其中宿迁市拥有校本资源库的学校比例最低,为 65%。

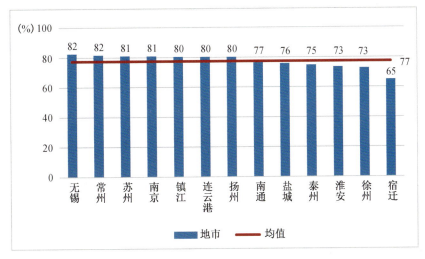

图 2-51 建有校本资源库的学校比例

各地市开通学校网络学习空间的学校比例情况,如图 2-52 所示。扬州、泰州、南京等六个地市开通学校网络学习空间的学校比例高于全省平均水平,其中扬州市开通学校网络学习空间的学校比例最高,为 99%;其次是泰州市,为 97%;南京市开通学校网络学习空间的学校比例为 95%,排名第三。而南通、常州、盐城、无锡、淮安、徐州、宿迁等七个地市开通学校网络空间的比例低于全省平均水平,其中,宿迁市开通学校网络学习空间的学校比例最低,为 63%。

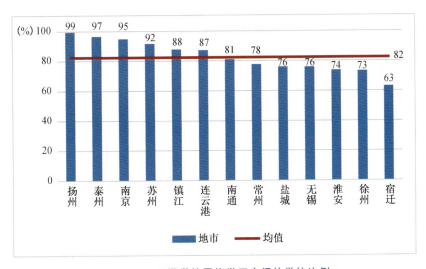

图 2-52 开通学校网络学习空间的学校比例

各地市开通学生网络学习空间的学生比例情况,如图 2-53 所示。南京、泰州、镇江等九个地市开通学生网络学习空间的学生比例高于或持平于全省平均水平。其中,南京市和泰州市开通学生网络学习空间的学生比例最高,为 100%;宿迁市的比例最低,为 69%,远低于全省平均水平。

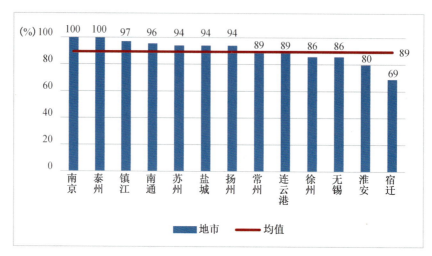

图 2-53 开通学生网络学习空间的学生比例

各地市开通教师网络学习空间的教师比例情况,如图 2-54 所示。南京、泰州、扬州等八个地市开通教师网络学习空间的教师比例高于或持平于全省平均水平。其中,南京市开通教师网络学习空间的教师比例最高,为 100%;宿迁市开通教师网络学习空间的教师比例最低为 79%。

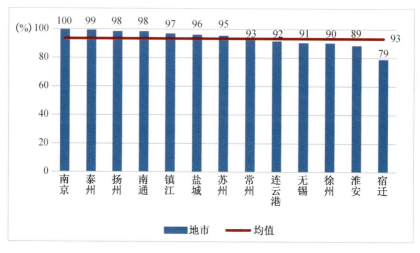

图 2-54 开通教师网络学习空间的教师比例

各地市开设有人工智能课程的学校比例情况,如图2-55所示。南通市开设有人工智能课程的学校比例最高,为69%。其次是苏州市和连云港市,比例均为68%。宿迁市开设有人工智能课程的学校比例最低,为53%,低于全省平均水平。

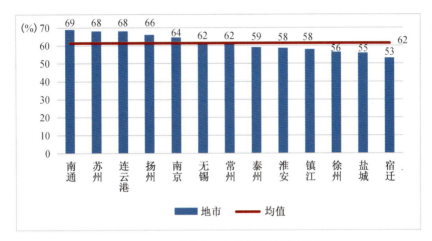

图2-55 开设有人工智能课程的学校比例

各地市多媒体教室使用率在80%以上的学校比例情况,如图2-56所示。除南通、常州、徐州、泰州和宿迁外,其他地市多媒体教室使用率在80%以上的学校比例均高于全省平均水平。扬州市多媒体教室使用率在80%以上的学校比例最高,为72%;宿迁市多媒体教室使用率在80%以上的学校比例最低,为56%。

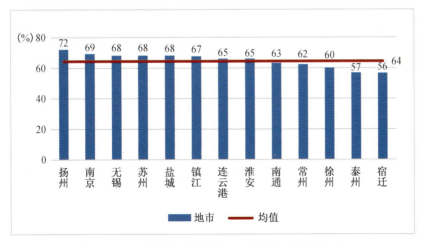

图2-56 多媒体教室使用率在80%以上的学校比例

各地市应用空间开展网络教研的教师占所有教师数量的比例情况，如图2-57所示。南京、泰州、盐城等七个地市应用空间开展网络教研的教师占所有教师数量的比例高于全省平均水平；其中，南京市应用空间开展网络教研的教师占所有教师数量的比例最高，为96%。宿迁市应用空间开展网络教研的教师占所有教师数量的比例最低，为62%，远低于全省平均水平。

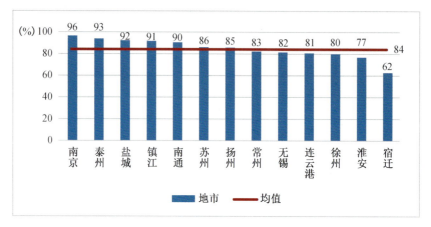

图2-57 应用空间开展网络教研的教师占所有教师数量的比例

各地市应用空间开展教研的教师占开通空间教师数量的比例情况，如图2-58所示。南京、盐城、镇江等八个地市应用空间开展教研的教师占开通空间教师数量的比例高于90%；其中，南京市应用空间开展教研的教师占开通空间教师数量的比例最高，为97%。宿迁市应用空间开展教研的教师占开通空间教师数量的比例最低，为79%。

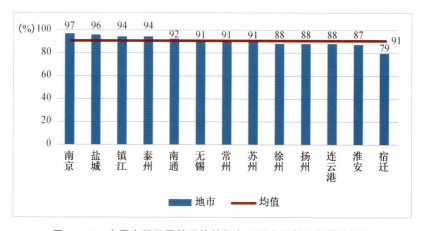

图2-58 应用空间开展教研的教师占开通空间教师数量的比例

各地市应用空间进行课堂教学的教师占所有教师数量的比例情况,如图 2-59 所示。南京、泰州、盐城等六个地市应用空间进行课堂教学的教师占所有教师数量的比例高于全省平均水平,其中,南京市应用空间进行课堂教学的教师占所有教师数量的比例最高,为 94%。宿迁市应用空间进行课堂教学的教师占所有教师数量的比例最低,为 56%,远低于全省平均水平。

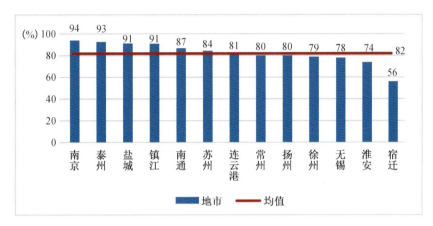

图 2-59　应用空间进行课堂教学的教师占所有教师数量的比例

各地市应用空间进行网络教学的教师占教师总数的比例情况,如图 2-60 所示。盐城、南京、镇江等六个地市应用空间进行网络教学的教师占教师总数的比例高于全省平均水平,其中,盐城市应用空间进行网络教学的教师占所有教师数量的比例最高,为 95%。宿迁市应用空间进行网络教学的教师占教师总数的比例最低,为 72%,远低于全省平均水平。

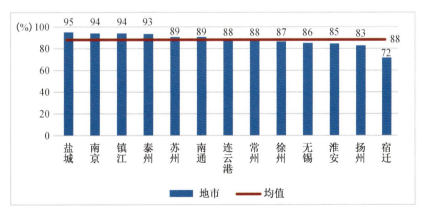

图 2-60　应用空间进行网络教学的教师占教师总数的比例

各地市应用空间开展教学的教师占开通空间教师的比例情况,如图 2-61 所示。盐城、南京、镇江等六个地市应用空间开展教学的教师占开通空间教师的比例高于全省平均水平,其中,盐城市应用空间开展教学的教师占开通空间教师的比例最高,为 95%;其次为南京市和镇江市,比例均为 94%。宿迁市的比例最低,为 71%。

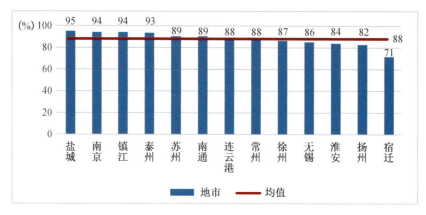

图 2-61 应用空间开展教学的教师占开通空间教师的比例

2.6.3 管理信息化

各地市建有管理信息系统的学校比例情况,如图 2-62 所示。南通、常州、连云港、无锡、南京和苏州六个地市建有管理信息系统的学校比例高于或持平于全省平均水平,其中,南通市建有管理信息系统的学校比例最高,为 99%。宿迁市建有管理信息系统的学校比例最低,为 96%。

图 2-62 建有管理信息系统的学校比例

各地市管理系统实现统一身份认证的学校比例情况,如图2-63所示。南京、南通、苏州、盐城、常州和镇江等六个地市管理系统实现统一身份认证的学校比例高于或持平于全省平均水平。其中南京市管理系统实现统一身份认证的学校比例最高,为77%,南通市位居第二,比例为75%。淮安市的比例最低,为60%。

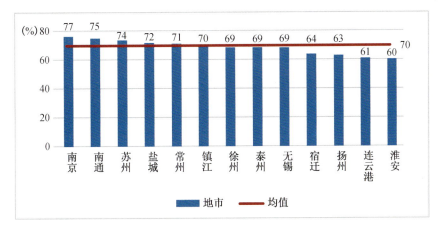

图2-63　管理信息系统实现统一身份认证的学校比例

各地市副校级及以上领导任主管领导(CIO)职位的学校比例情况,如图2-64所示。镇江、常州、苏州等九个地市副校级及以上领导任主管领导(CIO)职位的学校比例高于或持平于全省平均水平,其中,镇江市副校级及以上领导任主管领导(CIO)职位的学校比例最高为87%。徐州市副校级及以上领导任主管领导(CIO)职位的学校比例最低,为77%。

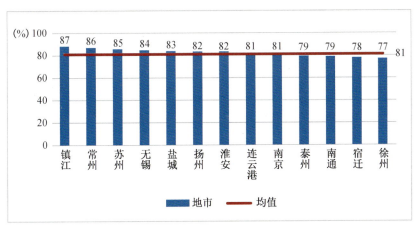

图2-64　副校级及以上领导任主管领导(CIO)职位的学校比例

各地市校园卡实现一卡通的学校比例情况,如图 2-65 所示。苏州、无锡、南京、徐州和淮安五个地市校园卡实现一卡通的学校比例高于或持平于全省平均水平,其中,苏州市和无锡市校园卡实现一卡通的学校比例最高,为 28%。宿迁市和镇江市校园卡实现一卡通的学校比例最低,均为 15%。

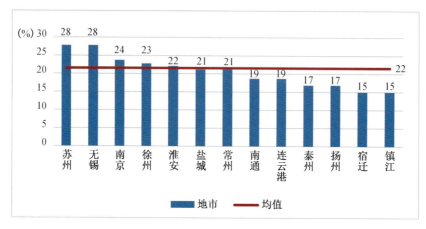

图 2-65 校园卡实现一卡通的学校比例

2.6.4 教育信息化保障措施

各地市信息化经费投入占学校同期教育经费支出平均比例情况如图 2-66 所示。苏州、常州、无锡等六个地市信息化经费投入占学校同期教育经费支出平均比例高于全省平均水平,占比均为 19%。宿迁、镇江和南通三个市信息化经费投入占学校同期教育经费支出平均比例最低,占比均为 17%。

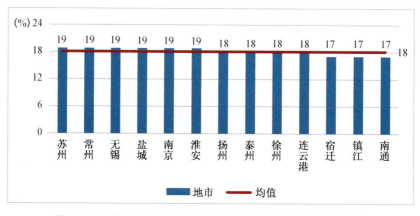

图 2-66 信息化经费投入占学校同期教育经费支出平均比例

各地市校级领导参加的信息化相关培训校均人次情况,如图2-67所示。扬州市校级领导参加的信息化相关培训校均人次最高,为7.39人次;其次为无锡市,为6.74人次。镇江市校级领导参加的信息化相关培训校均人次最低,为4.38人次。

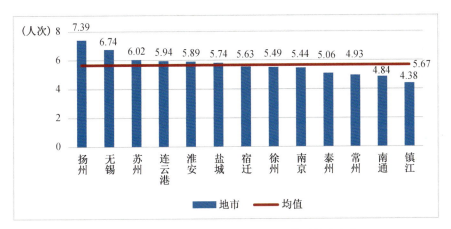

图2-67 校级领导参加的信息化相关培训校均人次

各地市拥有信息化支持人员的学校比例情况,如图2-68所示。无锡、连云港、苏州、盐城和常州等五个地市拥有信息化支持人员的学校比例高于全省平均水平,均为99%。南通市拥有信息化支持人员的学校比例最低,为97%。

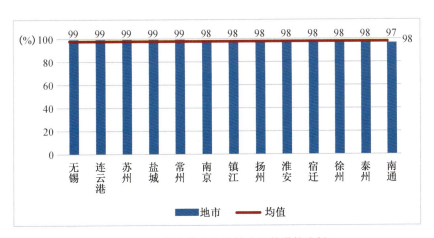

图2-68 拥有信息化支持人员的学校比例

各地市学校信息技术课程专职教师比例情况,如图 2-69 所示。南京市学校信息技术课程专职教师比例最高,为 64%;并列第二的是镇江市和泰州市,占比为 63%。徐州市学校信息技术课程专职教师比例最低,为 48%。

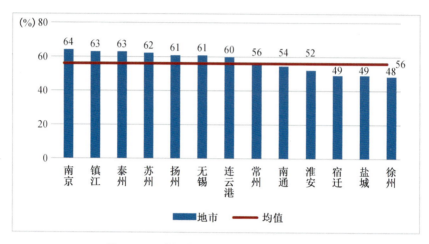

图 2-69 学校信息技术课程专职教师比例

各地市信息技术课程专职教师校均人数情况,如图 2-70 所示。无锡市信息技术课程专职教师校均人数最多,为 2.35 人;其次为连云港市,专职教师校均人数为 2.25 人。盐城市信息技术课程专职教师校均人数最少,为 1.71 人。

图 2-70 信息技术课程专职教师校均人数

各地市最近一年参加教育信息化校本培训的教师比例情况,如图2-71所示。南通、镇江、泰州等七个地市最近一年参加教育信息化校本培训的教师比例高于全省平均水平,其中,南通市最近一年参加教育信息化校本培训的教师比例最高,为95%。盐城市最近一年参加教育信息化校本培训的教师比例最低,为89%。

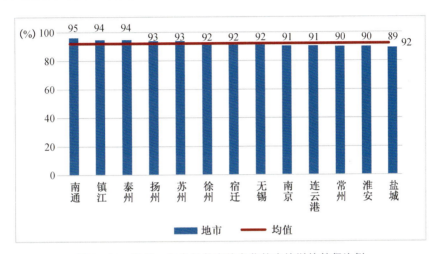

图2-71 最近一年参加教育信息化校本培训的教师比例

3. 师生信息素养发展专项

2018年4月教育部发布的《教育信息化2.0行动计划》中指出,到2022年基本实现信息化应用水平和师生信息素养的普遍提高;2019年3月,教育部在发布的《关于实施全国中小学教师信息技术应用能力提升工程2.0的意见》中明确提出构建教师信息素养发展新机制的目标任务。提高师生信息素养水平成为我国教育发展的重要议题之一。为全面掌握江苏省教师和学生的信息素养发展现状,在组织调研的基础上,依据数据整理和分析结果整理出"2019年度江苏省师生信息素养发展专项报告"。

3.1 教师信息素养发展情况

3.1.1 总体情况

江苏省教师信息素养评价分设信息意识、信息知识、信息应用、信息伦理和安全、专业发展五个维度。其中,信息意识维度包含信息认识、信息情感、信息意志三个方面;信息知识维度包含信息基础知识和信息技术知识两个方面;信息应用维度包含资源收集、加工与处理,教学优化与创新,学情评测与分析,有效沟通与交流四个方面;信息伦理和安全包含信息伦理道德和信息安全两个方面;专业发展包含知识持续性获取和专业能力成长两个方面。江苏省教师信息素养五大维度得分的情况如图3-1所示。江苏省教师在信息意识维度的水平最高,省均得分为85.17分;信息伦理和安全维度次之,省均得分为83.69分;专业发展维度的省均得分为74.80分;信息应用维度的省均得分为71.69分;信息知识维度的省均得分相较其他维度得分较低,省均得分为70.76分。

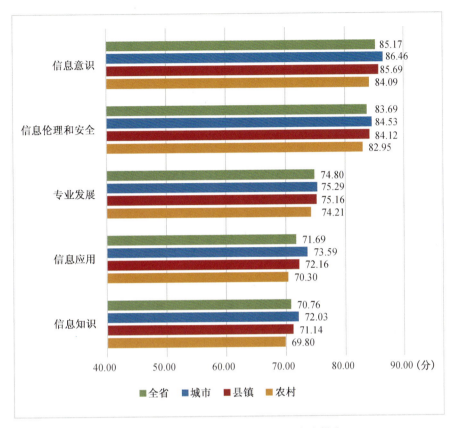

图 3-1　江苏省教师信息素养五大维度得分

3.1.2 信息意识

3.1.2.1 信息认识

江苏省教师在信息认识维度的具体得分情况如图 3-2 所示。教师在"具有及时更新信息的意识"方面的发展水平最好,省均得分为 95.06 分;其次是在"具有对信息的有用性进行判断的意识"方面的得分,省均得分为 80.76 分;在"具有对信息的真伪性进行辨别的意识"方面的得分最低,省均得分为 73.95 分。从信息认识维度的各方面得分来看,城市学校教师的均分要高于县镇学校教师和农村学校教师。

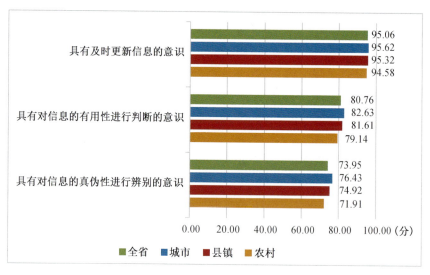

图 3-2 信息认识维度各方面的得分

3.1.2.2 信息情感

江苏省教师在信息情感维度的具体得分情况如图 3-3 所示。其中,教师"理性看待信息化教学在教育教学方面的作用"分数最高,省均得分为 92.39 分;其次是教师"具有主动应用信息技术优化教学活动的意识"方面的得分,省均得分为 85.07 分;在"具有主动应用信息技术创新教学模式的意识"方面得分最低,省均得分为 84.07 分。对比信息情感维度的三个方面的得分,城市学校教师的均分高于县镇学校教师和农村学校教师。

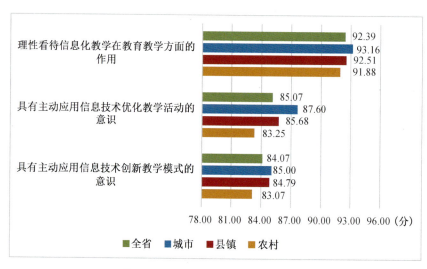

图 3-3 信息情感维度各方面的得分

3.1.2.3 信息意志

江苏省教师在信息意志维度的得分情况具体如图3-4所示。教师"勇于面对与积极克服信息化教学中的困难"方面的省均得分为85.07分。城市学校教师的得分高于县镇学校教师和农村学校教师在这一维度上的得分。

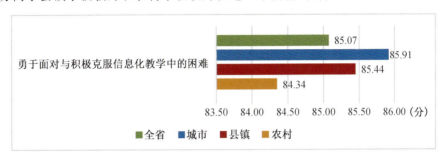

图3-4 信息意志维度各方面的得分

3.1.3 信息知识

3.1.3.1 信息基础知识

江苏省教师在信息基础知识维度的具体得分如图3-5所示。其中,教师"了解信息安全基础知识"方面的得分最高,省均得分为90.34分;其次是在"了解信息产权基础知识"方面的得分,省均得分为75.58分;在"了解信息应用现状"方面相较其他得分最低,省均得分为28.21分。对比在信息基础知识维度的三个方面的得分,城市学校教师要高于县镇学校教师和农村学校教师。

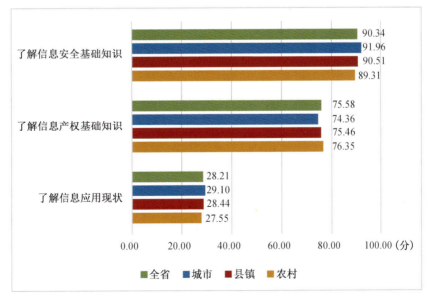

图3-5 信息基础知识维度各方面的得分

3.1.3.2 信息技术知识

江苏省教师在信息技术知识维度的具体得分情况如图3-6所示。其中,教师"掌握常见信息化教学系统的基本操作"的得分最高,省均得分为82.56分;其次教师"掌握常见资源处理软件的基本操作"和"掌握常见办公设备和软件的基本操作"的得分较高,省均得分分别为78.49分、77.19分;掌握"常见信息化教学设备的基本操作"得分较低,省均得分为74.74分;"掌握常见学科专用软件的基本操作"相较于其他方面得分最低,省均得分为71.06分。对比信息技术知识维度的五个方面的得分,城市学校教师的均分同样要高于县镇学校教师和农村学校教师两个群体。

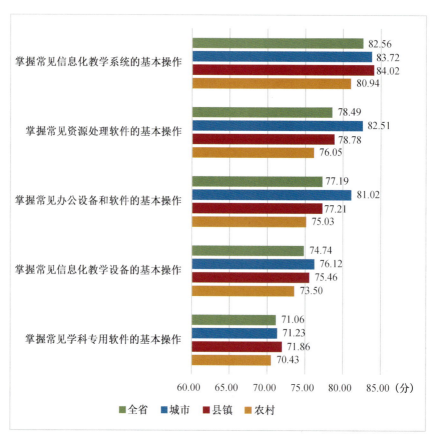

图3-6 信息技术知识维度各方面的得分

3.1.4 信息应用

3.1.4.1 资源收集、加工与处理

江苏省教师在资源收集、加工与处理维度的得分情况如图 3-7 所示。在"教学资源的整合与制作"方面得分最高,省均得分为 83.11 分;其次是在"个人资源库的搭建"方面的得分,省均得分为 78.67 分;在"信息的获取与甄别"方面相较其他方面得分最低,省均得分为 65.40 分。对比在资源收集、加工与处理维度的四个方面的得分,城市学校教师的均分要高于县镇学校教师、高于农村学校教师。

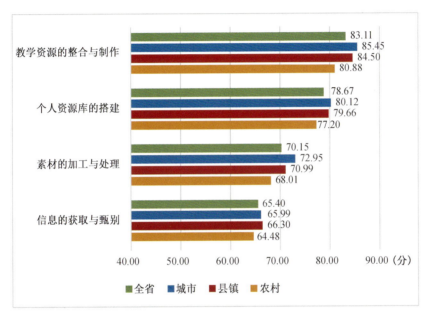

图 3-7 教师在资源收集、加工与处理维度各方面的得分

3.1.4.2 教学优化与创新

江苏省教师在教学优化与创新维度的具体得分情况如图 3-8 所示。在"开展教学模式创新实践"方面得分最高,省均得分为 80.20 分;其次是在"有效地选择与使用恰当的教学手段"方面的得分,省均得分为 67.68 分;在"基于反馈信息灵活调整教学策略"方面得分最低,省均得分为 65.30 分。对比在教学优化与创新维度的三个方面的得分,城市学校教师的均分要高于县镇学校教师、高于农村学校教师。

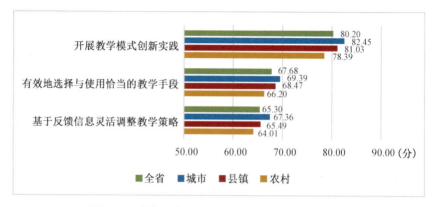

图 3-8 教师在教学优化与创新维度各方面的得分

3.1.4.3 学情评测与分析

江苏省教师在学情评测与分析维度的具体得分情况如图 3-9 所示。在"开展精准的学情诊断分析"方面得分最高,省均得分为 85.50 分;其次是在"提供及时有效的评价反馈"方面的得分,省均得分为 68.16 分;在"采用有效的评价策略"方面得分最低,省均得分为 63.09 分。对比在学情评测与分析维度的三个方面的得分,城市学校教师的均分要高于县镇学校教师、高于农村学校教师。

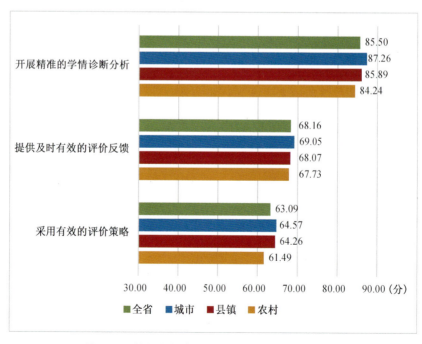

图 3-9 教师在学情评测与分析维度各方面的得分

3.1.4.4 有效沟通与交流

江苏省教师在有效沟通与交流维度的具体得分情况如图 3-10 所示。在"选择适当的信息交流方式"方面的得分最高,省均得分为 70.05 分;其次是在"与他人开展有效沟通"方面的得分,省均得分为 68.16 分。对比在有效沟通与交流维度的两个方面的得分,城市学校教师的均分要高于县镇学校教师、高于农村学校教师。

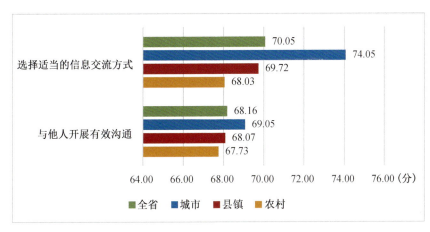

图 3-10　教师在有效沟通与交流维度各方面的得分

3.1.5 信息伦理和安全

3.1.5.1 信息伦理道德

江苏省在教师的信息伦理道德维度的具体得分情况如图 3-11 所示。在"保护知识产权"方面得分最高,省均得分为 87.69 分;其次是在"不浏览和传播有害信息"方面的得分,省均得分为 84.63 分。对比在信息伦理道德维度两个方面的得分,城市学校教师的均分要高于县镇学校教师、高于农村学校教师。

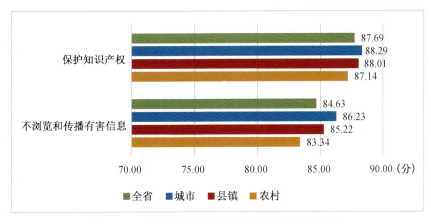

图 3-11　教师在信息伦理道德维度各方面的得分

3.1.5.2 信息安全

江苏省教师在信息安全维度的具体得分情况如图 3-12 所示。在"注意保护他人信息"方面得分最高,省均得分为 89.45 分;其次是在"注意数据备份"方面的得分,省均得分为 85.33 分;在"预防计算机病毒"方面的得分相较其他方面得分最低,省均得分为 68.92 分。对比在信息安全维度的三个方面的得分,城市学校教师的均分要高于县镇学校教师、高于农村学校教师。

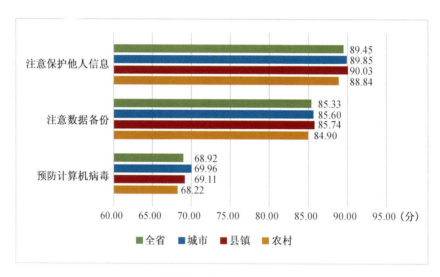

图 3-12 教师在信息安全维度各方面的得分

3.1.6 专业发展

3.1.6.1 知识持续性获取

江苏省教师在知识持续性获取维度的具体得分情况如图 3-13 所示。在"不断提升信息技术教学方面的知识"方面得分最高,省均得分为 80.94 分;其次是在"利用信息技术持续性获取学科知识"方面的得分,省均得分为 78.37 分。对比在知识持续性获取维度的两个方面的得分,城市学校教师的均分要高于县镇学校教师、高于农村学校教师。

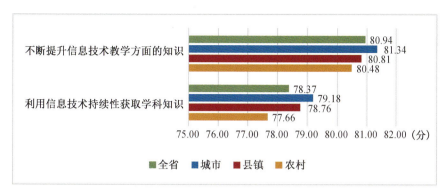

图 3-13 教师知识持续性获取维度各方面的得分

3.1.6.2 专业能力成长

江苏省教师在专业能力成长维度的得分情况具体如图 3-14 所示。在"提升新兴信息技术的学习能力"方面得分最高,省均得分为 75.38 分;其次是在"利用信息技术开展协同教研"方面的得分,省均得分为 74.04 分;在"利用信息技术辐射影响力"方面相较其他方面的得分最低,省均得分为 58.47 分。对比在专业能力成长维度的四个方面的得分,县镇学校教师的均分要高于城市学校教师、高于农村学校教师。

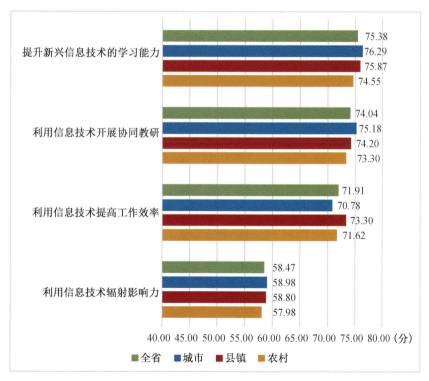

图 3-14 教师专业能力成长维度各方面的得分

3.1.7 各设区市教师信息素养对比

3.1.7.1 信息意识

江苏省各设区市教师信息意识维度的得分情况如图 3-15 所示。

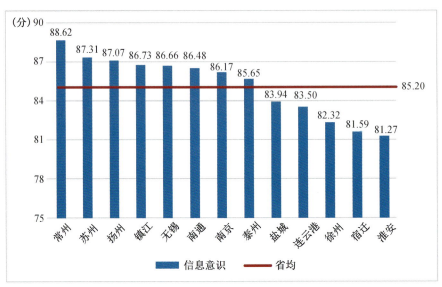

图 3-15 各设区市教师信息意识维度的得分

3.1.7.2 信息知识

江苏省各设区市教师信息知识维度的得分情况如图 3-16 所示。

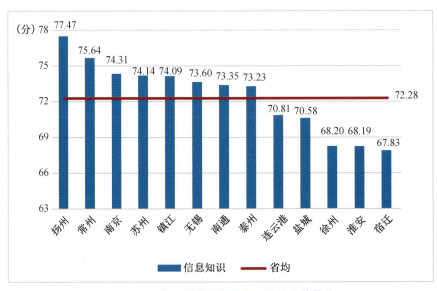

图 3-16 各设区市教师信息知识维度的得分

3. 师生信息素养发展专项

3.1.7.3 信息应用

江苏省各设区市教师信息应用维度的得分情况如图 3-17 所示。

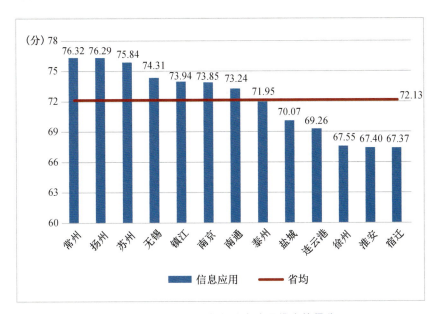

图 3-17 各设区市教师信息应用维度的得分

3.1.7.4 信息伦理和安全

江苏省各设区市教师信息伦理和安全维度的得分情况如图 3-18 所示。

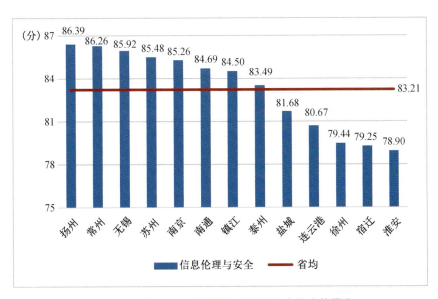

图 3-18 各设区市教师信息伦理和安全维度的得分

3.1.7.5 专业发展

江苏省各设区市教师专业发展维度的得分情况如图 3-19 所示。

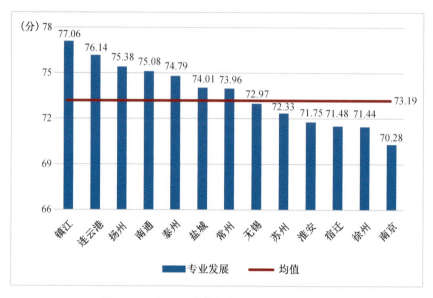

图 3-19 各设区市教师专业发展维度的得分

3.2 学生信息素养发展情况

3.2.1 总体情况

学生信息素养发展评价分设信息意识与认知、信息知识与技能、信息思维与行为、信息社会责任四个维度。其中,信息意识与认知包括信息感知意识、信息应用意识和信息安全意识三个方面;信息知识与技能包括信息科学知识、信息应用技能两个方面;信息思维与行为包括信息思维、信息行为两个方面;信息社会责任包括信息道德伦理、信息法律法规两个方面。

江苏省学生信息素养的各维度得分如图 3-20 所示。整体来看,中学生信息素养在各维度上的表现比较均衡,小学生在信息行为方面的得分显著偏低。其中,小学生在信息法律法规、信息安全意识两方面的得分均高于 90 分,在信息法律法规方面的得分最高,为 92.53;在信息道德伦理、信息感知意识、信息应用意识、信息科学知识、信息应用技能方面都高于 80 分,而信息思维和信息行为两方面的得分均低于 70 分,尤其是在信息行为方面的得分最低,仅有 48.48 分。中学生在信息安全意识方面的情况较好,得分最高,为85.89;在信息思维方面的情况较差,得分最低,为68.38。至于信息感知意识、信息应用意识、信息科学知识、信息法律法规等方面,中学生在这几方面的得分差距均不大。

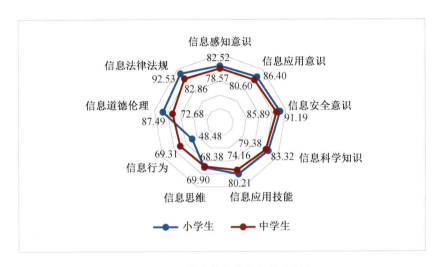

图3-20 学生信息素养各维度得分

3.2.2 信息意识与认知

3.2.2.1 信息感知意识

江苏省小学生的信息感知意识情况具体如图3-21所示。江苏省小学生的信息感知意识整体平均分为82.52。就性别这一组别而言,男生和女生的信息感知意识所得分数略有差距,女生在这一维度的得分较高,为83.01,高于江苏省的平均水平,而男生得分为82.09,略低于江苏省的平均水平。就区域这一组别而言,位于城市和县镇区域的小学生信息感知意识得分比位于农村区域的学生要高,得分分别为83.82和82.84,高于江苏省小学生在这一维度上的整体水平,而农村区域的小学生的信息感知意识得分为81.18,低于江苏省小学生在信息感知意识方面的整体水平。

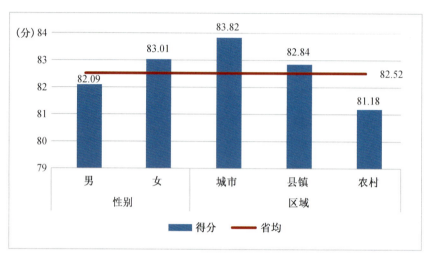

图 3-21 小学生信息感知意识情况

江苏省中学生的信息感知意识具体情况如图 3-22 所示。江苏省中学生的信息感知意识整体平均分为 79.36。就性别这一组别而言,相对而言,女生在这一维度的得分偏高,为 79.85,高于江苏省中学生在这一维度上的平均水平,而男生得分为 78.95,低于江苏省中学生在这一维度上的平均水平。就区域这一组别而言,位于城市和县镇区域的学生的信息感知意识得分要比位于农村区域的学生的高,得分分别为 81.58 与 79.95,均高于江苏省中学生在这一维度上的整体水平,而农村中学生的信息感知意识方面的得分为 77.32,低于江苏省中学生在这一维度上的整体水平。

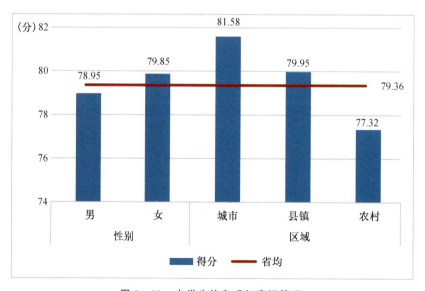

图 3-22 中学生信息感知意识情况

3. 师生信息素养发展专项

3.2.2.2 信息应用意识

江苏省小学生的信息应用意识具体情况如图3-23所示。江苏省小学生信息应用意识的平均得分为86.40。其中,女生在这一维度的得分为87.26,男生在这一维度的得分为85.63;位于城市的学生得分为87.69,而位于县镇和农村的学生得分分别为86.38和85.32,均低于江苏省的整体水平。

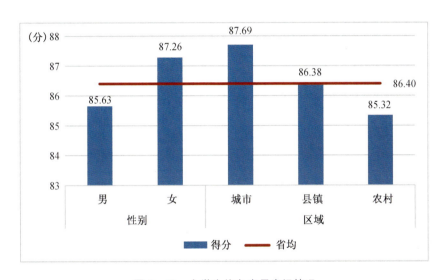

图3-23 小学生信息应用意识情况

江苏省中学生的信息应用意识具体情况如图3-24所示。江苏省中学生信息应用意识的整体平均得分为74.90。就性别这一组而言,女生在这一维度上的得分为75.97,高于江苏省的整体水平,而男生在这一维度上的得分低于江苏省的整体水平,为73.89。就区域而言,位于城市和县镇的中学生在这一维度上的得分均高于江苏省的整体水平,得分分别为78.35和75.08,而位于农村的中学生在这一维度略低于江苏省的整体水平,得分为72.28。

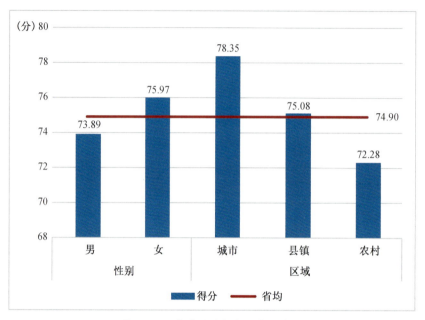

图 3-24 中学生信息应用意识情况

3.2.2.3 信息安全意识

江苏省小学生的信息安全意识具体情况如图 3-25 所示。江苏省小学生的信息安全意识平均得分为 91.19。就性别而言,男生在信息安全意识方面的得分低于女生,为 90.51,低于江苏省平均得分,而女生在信息安全意识方面的得分高于江苏省平均得分,为 91.95。就区域而言,城市小学生的信息安全意识得分高于江苏省整体水平,为 92.24,高于县镇和农村小学生的信息安全意识水平。而县镇和农村小学生的信息安全意识得分分别为 90.90 和 90.52,低于江苏省整体水平。

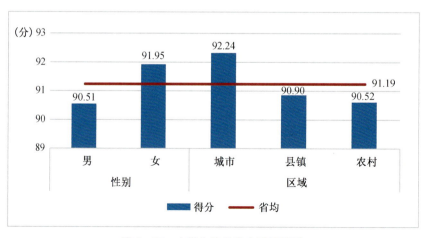

图 3-25 小学生信息安全意识情况

江苏省中学生的信息安全意识具体情况如图3-26所示。江苏省中学生信息安全意识的整体平均得分为85.17。就性别这一组而言,男生的信息安全意识得分为83.58,而女生在这一维度的得分为86.86。就区域而言,位于城市和县镇的学生在信息安全意识这一维度的得分分别为87.42与85.43,高于江苏省的整体水平,而位于农村的中学生在信息安全意识这一维度的得分为83.35,相对低于江苏省中学生在这一维度上的整体水平。

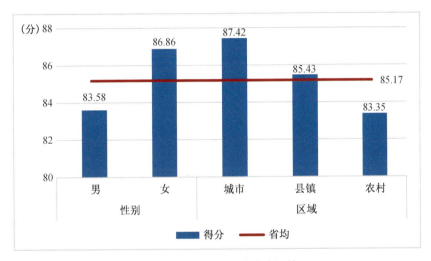

图3-26 中学生信息安全意识情况

3.2.3 信息知识与技能

3.2.3.1 信息科学知识

江苏省小学生的信息科学知识具体情况如图3-27所示。江苏省小学生信息科学意识的整体得分为83.32。就性别而言,女生在信息科学知识这一方面的得分高于男生,其中,男生在这一维度上的得分为82.93,略低于江苏省小学生在这一维度上的整体水平,女生在这一维度上的得分为83.77,高于江苏省小学生在这一维度上的整体水平。就区域而言,城市小学生在信息科学知识方面的得分高于县镇和农村的小学生,得分为84.06,高于江苏省的整体水平,而县镇和农村的小学生在这一维度上的得分分别为83.05与82.90,均略低于江苏省的整体水平。

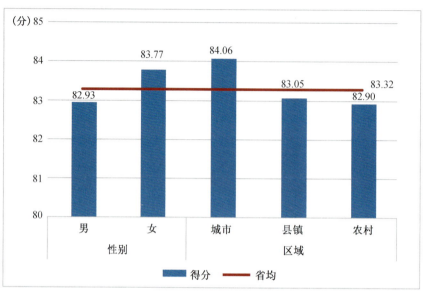

图 3-27 小学生信息科学知识情况

江苏省中学生的信息科学知识具体情况如图 3-28 所示。江苏省中学生信息科学知识的整体平均得分为 76.45。就性别这一组而言,男生在这一维度的得分为 75.69,略低于江苏省中学生在这一维度上的平均水平,而女生在这一维度的得分为 77.24,相对高于江苏省中学生在这一维度上的整体水平。就区域而言,位于县镇和城市的中学生在这一维度的得分分别为 77.69 与 77.63,均高于江苏省中学生在这一维度上的整体水平,而位于农村的中学生在信息科学知识这一维度的得分为 74.69,相对低于江苏省中学生在这一维度上的整体水平。

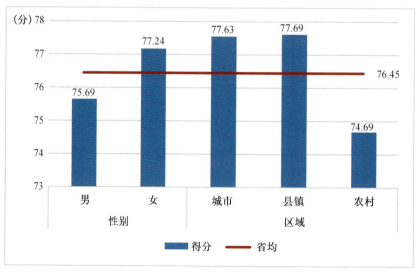

图 3-28 中学生信息科学知识情况

3. 师生信息素养发展专项

3.2.3.2 信息应用技能

江苏省小学生信息应用技能具体情况如图3-29所示。江苏省小学生信息应用技能的整体得分为80.21。就性别而言,男生在信息应用技能这一方面的得分低于女生,男生得分为79.53,女生得分为80.95。就区域而言,城市小学生在信息应用技能方面的得分高于县镇和农村的小学生,其中,城市小学生得分为81.23、县镇小学生得分为79.91、农村小学生得分为79.57。

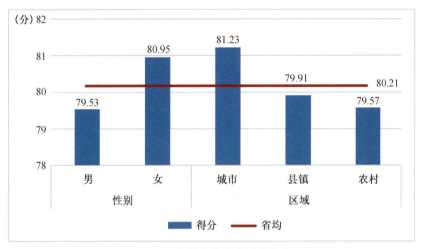

图3-29 小学生信息应用技能情况

江苏省中学生的信息应用技能具体情况如图3-30所示。江苏省中学生信息应用技能的整体平均得分为72.32。其中,女生的信息应用技能得分偏高为73.84,而男生在这一维度的得分为70.89。就区域而言,城市、县镇和农村的学生在信息应用技能掌握情况这一维度的得分分别为73.57、73.46及70.60。

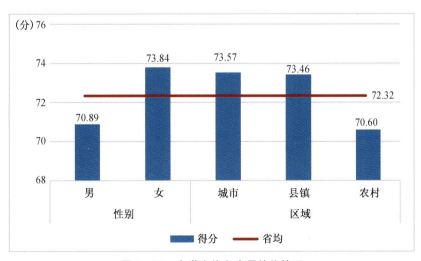

图3-30 中学生信息应用技能情况

3.2.4 信息思维与行为

3.2.4.1 信息思维

江苏省小学生信息思维具体情况如图 3-31 所示。江苏省小学生信息思维的整体得分为 69.90。就性别而言,男生在这一维度上的得分略低于女生的得分,其中,男生得分为 69.79,女生得分为 70.00。就区域而言,城市小学生在信息思维方面的得分为 74.25,高于县镇和农村的小学生得分,也高于江苏省的整体水平。

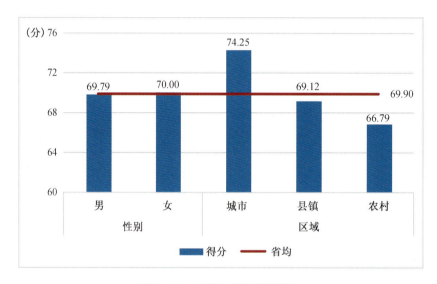

图 3-31 小学生信息思维情况

江苏省中学生的信息思维具体情况如图 3-32 所示。江苏省中学生信息思维的整体平均得分为 65.47。就性别这一组而言,男生和女生在这一维度的得分差别较小,其中女生的信息思维得分偏高,为 66.98,高于江苏省中学生在这一维度上的平均水平,而男生在这一维度的得分为 64.09,相对低于江苏省的整体水平。就区域而言,城市和县镇的学生在信息思维这一维度的得分高于农村学生的得分,其中,城市中学生的得分为 68.29,县镇中学生的得分为 65.14,农村中学生的得分为 63.67。

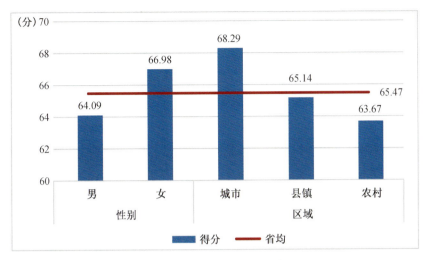

图 3-32 中学生信息思维情况

3.2.4.2 信息行为

江苏省小学生的信息行为维度得分具体情况如图 3-33 所示。江苏省小学生信息行为平均得分为 48.48。就性别而言,男生在信息行为方面表现偏好,得分为 49.00,而女生在这一维度上的得分为 47.90。此外,就区域而言,农村、城市和县镇的学生在这一维度上的得分分别为 48.64、48.47 以及 48.28。

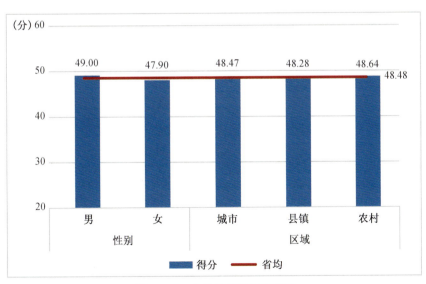

图 3-33 小学生信息行为情况

江苏省中学生的信息行为情况如图3-34所示。江苏省中学生在信息行为这一维度上的平均得分为59.14。就性别而言,男生和女生在这一维度上的得分并没有太大的区别,但是相较而言,男生在这一维度上的得分略高,为59.30,而女生在这一维度上的得分偏低,为58.96。此外,就区域而言,位于农村区域的中学生在这一维度上的得分显著高于江苏省中学生在这一维度上的平均水平,为64.26,而位于城市和县镇区域中学生在这一维度上的得分分别为59.12和59.11,均略低于江苏省中学生在这一维度上的平均水平。

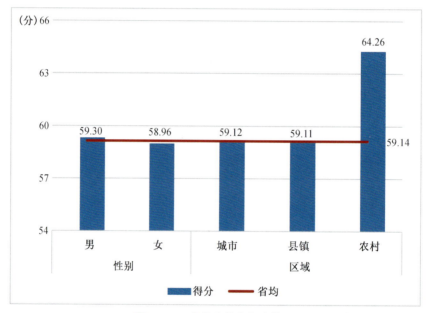

图3-34 中学生信息行为情况

3.2.5 信息社会责任

3.2.5.1 信息道德伦理

江苏省小学生的信息道德伦理情况具体如图3-35所示。江苏省小学生的信息道德伦理的整体得分为87.49。就性别而言,男生在信息道德伦理这一方面的得分低于女生,其中,男生得分为86.72,相对略低于江苏省的整体水平,而女生得分为88.37,高于江苏省的整体水平。就区域而言,城市的小学生在这一维度上的得分高于江苏省的整体水平,而县镇和农村的小学生在这一维度上的得分略低于江苏省整体水平。其中,城市小学生在这一维度上的得分为87.76,县镇小学生在这一维度上得分为87.37,农村小学生在这一维度上的得分为87.35。

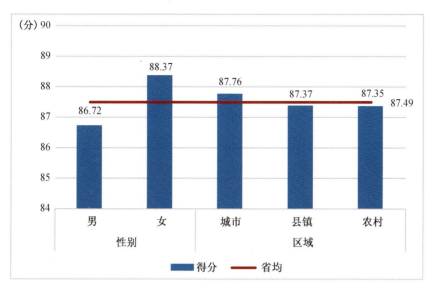

图 3-35 小学生信息道德伦理情况

江苏省中学生的信息道德伦理情况具体如图 3-36 所示。江苏省中学生信息道德伦理的整体平均得分为 83.41。就性别这一组而言,男生和女生在这一维度的得分差别较明显,其中女生的得分偏高,为 86.69,高于江苏省中学生在这一维度上的平均水平,而男生的得分为 80.34,相对低于江苏省的整体水平。就区域而言,城市和县镇的学生在这一维度的得分分别为 86.70 与 84.58,高于江苏省的整体水平,而农村的中学生在这一维度的得分为 80.19,相对低于江苏省中学生在这一维度上的整体水平。

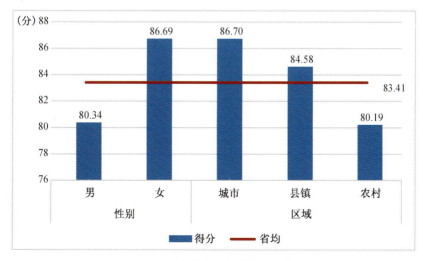

图 3-36 中学生信息道德伦理情况

3.2.5.2 信息法律法规

江苏省小学生的信息法律法规情况具体如图 3-37 所示。江苏省小学生信息法律法规的整体得分为 92.53。其中，男生在这一方面的得分为 91.91，女生得分为 93.23。城市、县镇和农村小学生在信息法律法规方面的得分分别为 93.35、92.03 以及 92.21。

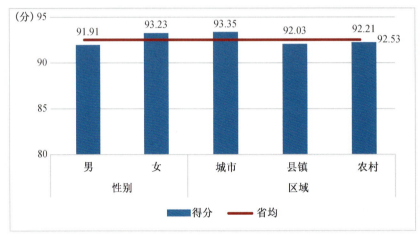

图 3-37 小学生信息法律法规情况

江苏省中学生的信息法律法规具体情况如图 3-38 所示。江苏省中学生的信息法律法规的整体平均得分为 81.70。就性别这一组而言，男生的得分为 79.77，低于江苏省中学生在这一维度上的整体水平，而女生的得分为 83.75，略高于江苏省中学生在这一维度上的平均水平。就区域而言，城市和县镇的中学生在这一维度上的得分分别为 84.31 和 83.02，均高于江苏省中学生的整体水平，而农村的中学生在这一维度上的得分为 78.86，略低于江苏省中学生的整体水平。

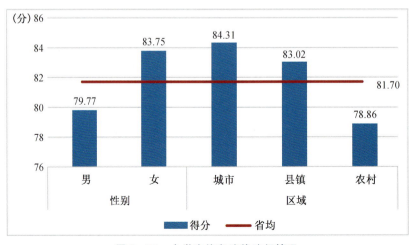

图 3-38 中学生信息法律法规情况

3.2.6 各设区市学生信息素养对比

3.2.6.1 信息意识与认知

江苏省各设区市小学生信息意识与认知维度得分的具体情况如图 3-39 所示。

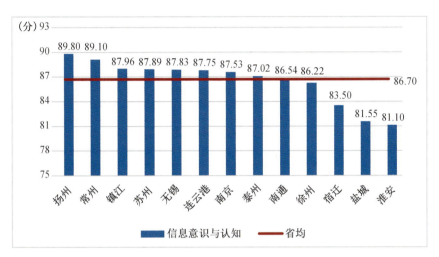

图 3-39 各设区市小学生信息意识与认知情况

江苏省各设区市中学生信息意识与认知维度得分的具体情况如图 3-40 所示。

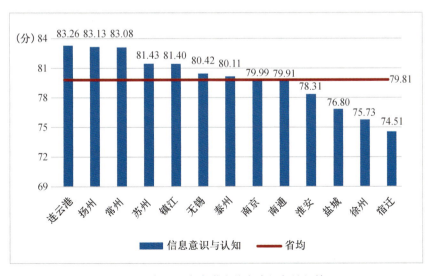

图 3-40 各设区市中学生信息意识与认知情况

3.2.6.2 信息知识与技能

江苏省各设区市小学生信息知识与技能维度得分的具体情况如图 3－41 所示。

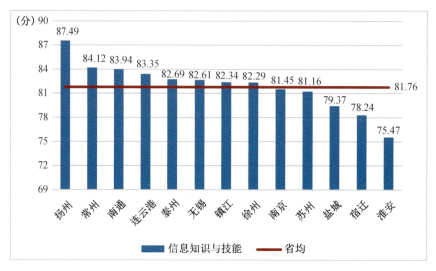

图 3－41　各设区市小学生信息知识与技能情况

江苏省各设区市中学生信息知识与技能维度得分的具体情况如图 3－42 所示。

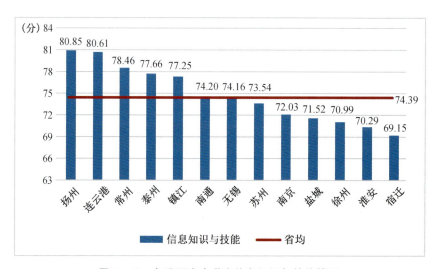

图 3－42　各设区市中学生信息知识与技能情况

3.2.6.3 信息思维与行为

江苏省各设区市小学生信息思维与行为方面得分的具体情况如图 3-43 所示。

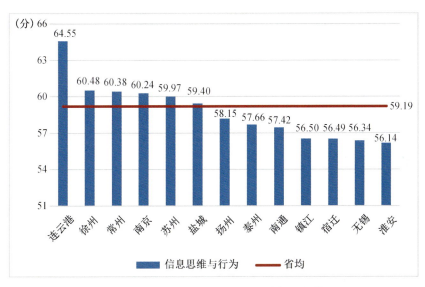

图 3-43　各设区市小学生信息思维与行为情况

江苏省各设区市中学生信息思维与行为方面得分的具体情况如图 3-44 所示。

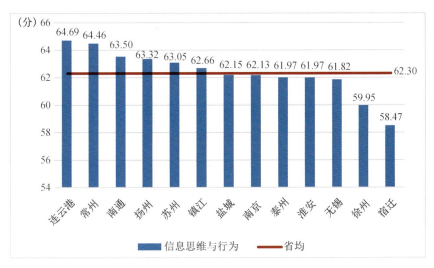

图 3-44　各设区市中学生信息思维与行为情况

3.2.6.4 信息社会责任

江苏省各设区市小学生信息社会责任维度得分的具体情况如图 3-45 所示。

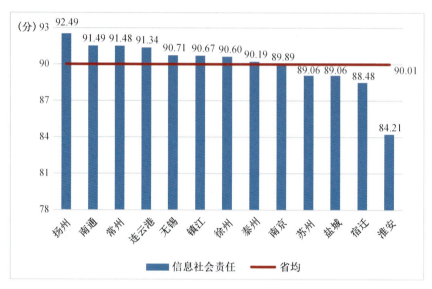

图 3-45　各设区市小学生信息社会责任情况

江苏省各设区市中学生信息社会责任维度得分的具体情况如图 3-46 所示。

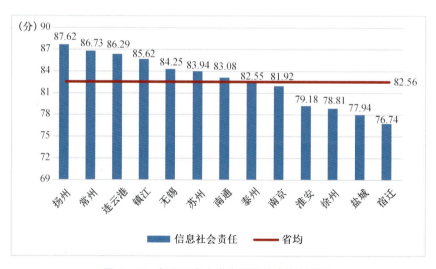

图 3-46　各设区市中学生信息社会责任情况

4. 网络安全发展专项

2019年全省继续充分重视教育信息化发展，认真贯彻落实《教育信息化十年发展规划（2011—2020）》（以下简称《规划》）及《江苏省"十三五"教育信息化发展专项规划》，以深化应用、融合创新为核心，以"三通两平台"提升工程和智慧教育建设为抓手，在全面推进教育现代化进程中充分发挥教育信息化的支撑与引领作用，力争实现本省优质资源共享、教育均衡发展，以迎接2020年《规划》的收官之效。网络安全是教育信息化推进的重要环节，网络安全建设的优劣效果直接影响教育信息化发展水平的高低，江苏省高度关注网络安全问题。为了全面了解全省各地的教育信息化网络安全建设情况，及时发现网络安全建设过程中出现的新情况，精准诊断全省教育信息化网络安全发展问题，以实现统筹指导全省教育信息化网络安全工作，由此整理出2019年度江苏省教育信息化"网络安全发展专项报告"。

4.1 综述

在信息化背景环境下，大数据、云计算、人工智能等技术日趋成熟，信息化对人类的生活及学习方式等都产生了巨大的改变。同时，随着信息技术迅猛发展，网络安全问题日显突出，在一定程度上制约着教育事业的健康发展，特别是直接影响着学校的教学活动和学生的隐私安全。基于此，江苏省各设市区中小学从网络安全人员配置、制度管理、培训、经费投入、信息系统等级保护等方面都进行了优化，积极开展网络安全工作，完全信息系统建设，旨在从整体上提高校园的信息化网络安全防护能力。

在网络安全工作人员保障方面，全省98%的中小学建立了网络安全工作领导机构并明确了第一责任人，97%的中小学已确定网络安全工作联络员，校均拥有1.69名网络安全管理从业人员，校均具有国家认定资质的网络安全管理从业人员0.25名。在网络安全管理制度方面，全省97%的中小学建立了内部网络安全管理制度，84%的中小学修订并发布了本年度网络安全管理制度。在网络安全教育培训方面，全省中小学校均内部组织3.04次网络安全教育培训，校均参加非学校内部组织的网络安全工作培训6.93人次。在信息系统建设方面，全省中小学校均拥有1.75个信息系统；其中，28%的信息系统未进行等保定级，33%的信息系统属于等级保护一级系统，21%的信息系统属于等级保护二级系统，11%的信息系统属于等级保护三级系统，9%的信息系统属于等级保护四级及以上系统；47%的信息系统完成了等级保护测评工作，33%的信息系统完成了等级保护整改工作。在经费投入方面，全省网络安全建设经费总投入占信息化经费总投入的18%，其中，硬件设备经费投入占比69%，软件经费投入占比16%，人员及服务经费投入占比15%。在上网管理方面，全省85%的中小学配备了统一上网管理系统，75.9%的中小学校园网络已实行实名制上网。

总体来说，江苏省中小学在网络安全工作组织机构建设和网络安全管理制度方面的发展较好，但在网络安全教育培训和信息系统的等保定级方面有待进一步完善；同时，要注意网络安全经费的投入分配、注重软硬件和服务的均衡发展。

4.2 网络安全发展概况

4.2.1 网络安全工作人员保障

江苏省中小学网络安全工作领导机构建立情况如图4-1所示。截至2019年底，全省98%的中小学建立了网络安全工作领导机构并且明确了第一责任人。其中，城市学校占比最高，为98%；县镇学校和农村学校占比略低于全省平均水平，均为97%。

4. 网络安全发展专项

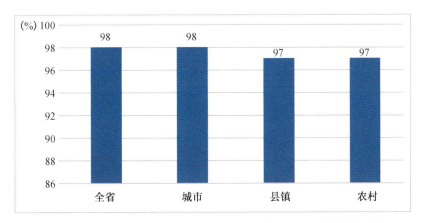

图 4-1　建立网络安全工作领导机构并明确第一责任人的学校比例

江苏省中小学网络安全工作联络员情况如图 4-2 所示。截至 2019 年底,全省 97% 的中小学拥有网络安全工作联络员。其中,城市学校占比高于省均水平,为 99%;县镇学校和农村学校占比与省均水平持平,均为 97%。

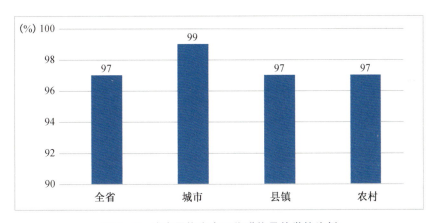

图 4-2　确定网络安全工作联络员的学校比例

江苏省中小学网络安全管理从业人员情况如图 4-3 所示。截至 2019 年底,江苏省校均拥有网络安全管理从业人员 1.69 名,具有国家认定资格的网络安全从业人员校均数量为 0.25 名。农村中小学校均拥有网络安全管理人员数量以及国家认定资格的网络安全从业人员数量均低于全省平均水平,城市和县镇中小学校在这两方面的表现均高于省均水平。

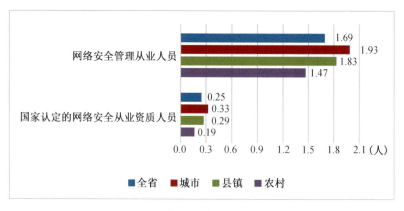

图 4-3 网络安全管理从业人员数量

4.2.2 网络安全管理制度

江苏省中小学网络安全管理制度的建立情况如图 4-4 所示。截至 2019 年底,全省 97% 的学校已经建立内部网络安全管理制度。其中,城市学校占比最高,为 98%;农村学校占比最低,为 96%;县镇学校占比与省均水平相等,为 97%。

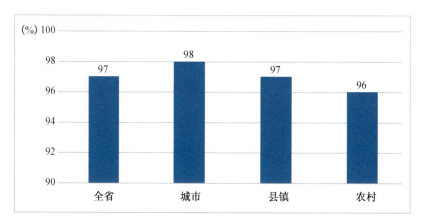

图 4-4 建立内部网络安全管理制度的学校比例

江苏省中小学网络安全管理制度修订并发布情况如图 4-5 所示。2019 年度,全省 84% 的中小学已修订并发布 2019 年网络安全管理制度。其中城市学校占比为 85%;农村学校占比与省均持平,为 84%;县镇学校占比略低于省均水平,为 82%。

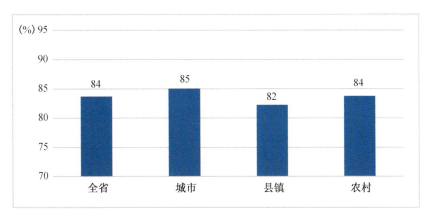

图 4-5 修订并发布本年度网络安全管理制度的学校比例

4.2.3 网络安全教育培训

江苏省中小学网络安全教育培训的情况如图 4-6 所示。2019 年度,全省校均内部组织的网络安全教育培训次数为 3.04 次。其中,农村学校次数最高,为 3.26 次;城市学校和县镇学校次数均低于省均次数。全省网络安全工作人员参加非学校内部组织的安全工作培训校均人次为 6.93 人次。其中,城市学校人次高于省均人次,为 8.03 人次;农村学校和县镇学校人次均低于省均人次,分别为 6.54 人次和 6.47 人次。

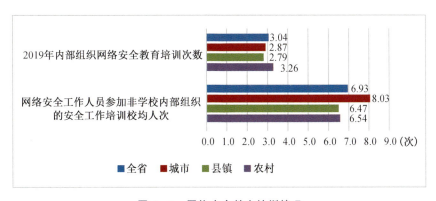

图 4-6 网络安全教育培训情况

4.2.4 信息系统建设

江苏省中小学校均拥有信息系统数量的情况如图 4-7 所示。截至 2019 年底，全省校均拥有信息系统 1.75 个。其中，农村中小学和城市中小学校均拥有信息系统数量均高于全省平均水平，分别为 1.90 个和 1.81 个；县镇中小学校均拥有信息系统数量最低，为 1.41 个。

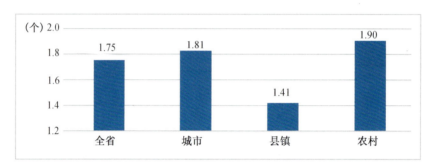

图 4-7 校均拥有的信息系统数量

江苏省中小学信息系统等级保护定级情况如图 4-8 所示。截至 2019 年底，全省 28% 的信息系统未进行等保定级，33% 的信息系统为等级保护一级系统，21% 的信息系统为等级保护二级系统，11% 的信息系统为等级保护三级系统，9% 的信息系统为等级保护四级及以上系统。

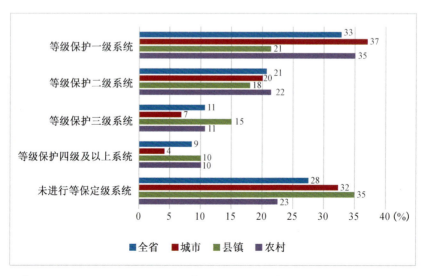

图 4-8 各级等级保护定级系统比例

江苏省中小学信息系统等级保护整改以及测评情况如图4-9所示。2019年度,全省完成年度等级保护测评的系统占比为47%,完成等级保护整改的系统占比为33%。其中,城市学校和县镇学校完成等级保护测评的信息系统比例均高于全省平均水平,分别为55%和51%;农村学校完成等级保护测评的信息系统比例最低,为42%。县镇学校完成等级保护整改的信息系统比例高于全省平均水平,为37%;城市学校和农村学校完成等级保护整改的信息系统比例均低于全省平均水平,分别为30%和32%。

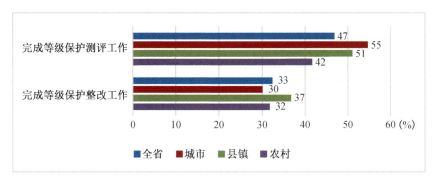

图4-9 完成等级保护整改以及测评的信息系统比例

4.2.5 经费投入

江苏省中小学网络安全建设经费总投入占信息化建设经费总投入的比例情况如图4-10所示。2019年度,全省中小学18%的信息化经费用于网络安全建设,其中农村学校占比高于全省平均水平,为21%;城市学校占比与全省平均水平持平,为18%;县镇学校占比低于全省平均水平,为16%。

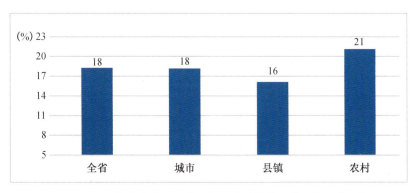

图4-10 网络安全建设经费总投入占信息化经费总投入的比例

江苏省中小学网络安全经费投入范围情况如图 4-11 所示。2019 年度，学校网络安全建设经费主要包括硬件设备投入、软件投入、人员及服务投入。全省中小学在各项经费投入方面，硬件设备投入远高于其他两项经费投入。其中，硬件设备经费投入占比为 69％，软件经费投入占比为 16％，人员及服务经费投入占比为 15％。城市学校、县镇学校和农村学校的投入比例相差不大。

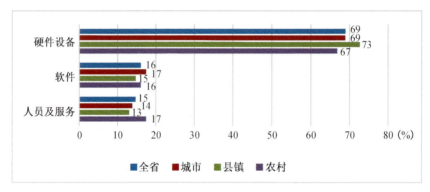

图 4-11 网络安全经费的投入范围

4.2.6 上网管理

江苏省中小学配备统一上网管理系统的学校比例情况如图 4-12 所示。截至 2019 年底，全省 85％的中小学已配备统一上网管理系统。其中，城市学校和县镇学校占比相等，均高于全省平均水平，为 87％；农村学校占比低于全省平均水平，为 82％。

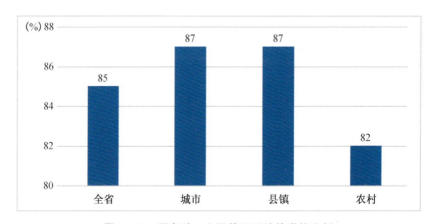

图 4-12 配备统一上网管理系统的学校比例

4. 网络安全发展专项

江苏省中小学校园网络实行实名制上网的学校比例情况如图4-13所示。截至2019年底，全省75.9%的中小学校园网络已实行实名制上网。其中，县镇学校占比略高于省均水平，为76.3%；农村学校占比和省均水平持平，为75.9%；城市学校占比略低于省均水平，为75.5%。

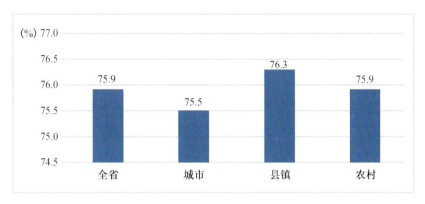

图4-13 校园网络实行实名制上网的学校比例

综上所述，在网络安全相关工作人员的保障方面，城市中小学的发展状况相对县镇和农村中小学的发展状况表现较好，但三者总体差距较小。在网络安全管理制度方面，城市中小学发展水平最好，县镇中小学和农村中小学发展水平相比较略低。在网络安全教育培训方面，县镇学校的发展水平低于城市学校和农村学校的发展水平，城市学校在组织"网络安全工作人员参加非学校内部组织的安全工作培训"的情况显著表现较好。在信息系统建设方面，城市学校和农村学校拥有的信息系统数量高于县镇学校，且县镇学校未进行等保定级的信息系统比例最高，城市学校完成等级保护测评的信息系统比例高于县镇学校和农村学校，县镇学校完成等级保护整改的信息系统比例高于城市学校和农村学校，农村学校信息系统等级保护测评工作的完成度最低。在经费投入方面，农村学校网络安全建设经费总投入占信息化经费总投入的比例高于城市学校和县镇学校，但三者的硬件设备投入比例均远高于软件和服务经费投入比例。在上网管理方面，县镇学校整体发展状况高于农村学校和城市学校，农村学校在配备统一上网管理系统方面发展水平低于城市学校和县镇学校。

4.3 各设区市网络安全发展对比

4.3.1 网络安全工作人员保障

江苏省中小学各设区市网络安全工作领导机构建立情况如图 4-14 所示。截至 2019 年底,全省 98% 的中小学已建立网络安全工作领导机构并明确了第一责任人。其中,镇江、苏州和扬州等 9 个设区市的中小学这一比例均高于或等于全省平均水平;宿迁、泰州、淮安和徐州市的中小学这一比例均低于全省平均水平,均在 98% 以下。

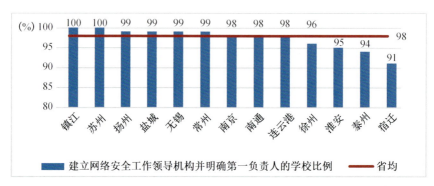

图 4-14 建立网络安全工作领导机构并明确第一责任人的学校比例

江苏省中小学网络安全工作联络员情况如图 4-15 所示。截至 2019 年底,全省 97% 的中小学已确定网络安全工作联络员。其中,镇江和苏州市中小学拥有网络安全工作联络员比例最高,均为 100%;淮安和宿迁市中小学这一比例最低,均为 94%。

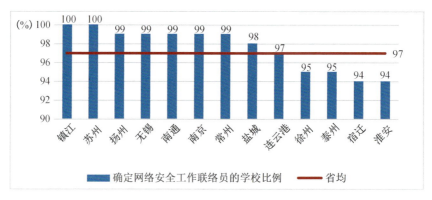

图 4-15 确定网络安全工作联络员的学校比例

4. 网络安全发展专项

江苏省中小学网络安全管理从业人员数量如图4-16所示。截至2019年底,苏州中小学校均拥有网络安全管理从业人员数量远高于全省平均水平,为2.18人;宿迁、连云港和泰州等5个设区市的中小学校均拥有网络安全管理从业人员数量略高于全省平均水平;徐州中小学校均拥有网络安全管理从业人员数量最低,为1.43人。

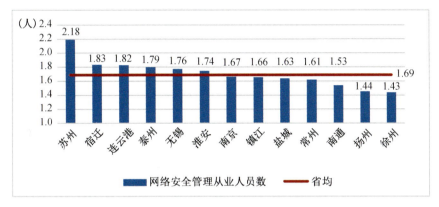

图4-16 网络安全管理从业人员数量

江苏省中小学国家认定的网络安全从业人员数量如图4-17所示。截至2019年底,苏州、无锡和连云港等5个设区市中小学校均拥有国家认定资格的网络安全从业人员数量高于或等于全省平均水平,其中苏州中小学人数最高,为0.50人;其余各设区市中小学校均拥有国家认定资格的网络安全从业人员数量均低于全省平均水平。

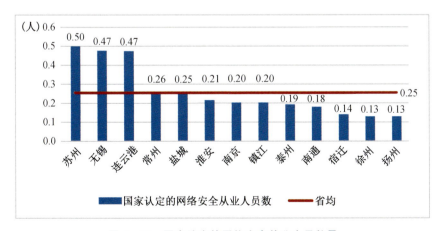

图4-17 国家认定的网络安全从业人员数量

4.3.2 网络安全管理制度

江苏省中小学网络安全管理制度建立情况如图 4-18 所示。截至 2019 年底，全省 97% 的中小学建立内部网络安全管理制度。镇江和苏州建立内部网络安全管理制度的学校比例最高，为 99%；宿迁、淮安和泰州等 5 个设区市的中小学建立内部网络安全管理制度的学校比例均低于全省平均水平，其中宿迁中小学占比最低，为 92%。

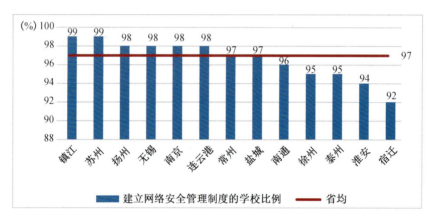

图 4-18 建立网络安全管理制度的学校比例

江苏省中小学网络安全管理制度修订情况如图 4-19 所示。2019 年度，连云港、镇江和扬州等 6 个设区市的中小学修订并发布 2019 年网络安全管理制度的学校比例高于全省平均水平；常州修订并发布 2019 年网络安全管理制度的学校比例最低，为 75%。

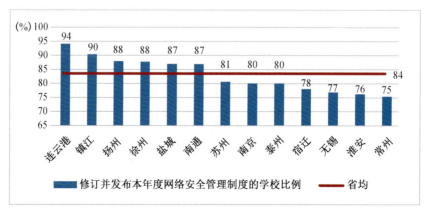

图 4-19 修订并发布本年度网络安全管理制度的学校比例

4.3.3 网络安全教育培训

江苏省中小学内部组织的网络安全教育培训校均次数如图4-20所示。2019年度,连云港中小学校均内部组织网络安全教育培训的次数位居全省第一,为3.75次;盐城中小学校均内部组织的网络安全教育培训次数和全省平均次数持平,为3.04次;南京中小学校均内部组织的网络安全教育培训次数最低,为2.47次。

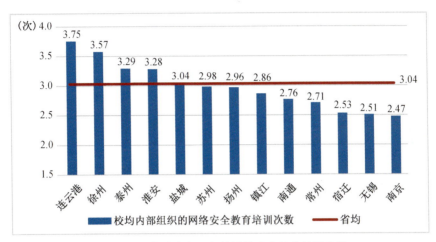

图4-20 校均内部组织的网络安全教育培训次数

江苏省中小学网络安全工作相关人员参加非本单位内部组织的安全工作培训平均人次情况如图4-21所示。2019年度,江苏省中小学校网络安全工作相关人员参加非本单位内部组织的安全工作培训平均为6.93人次。其中,连云港最高,为9.01人次。无锡、镇江和南京等6个设区市的平均人次均低于全省平均值,其中,无锡最低,为4.56人次。

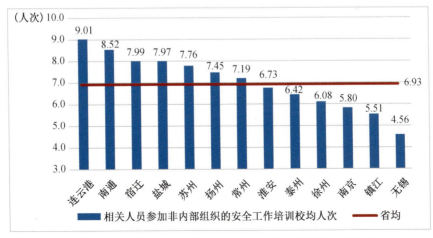

图4-21 相关人员参加非内部组织的安全工作培训校均数量

4.3.4 信息系统建设

江苏省中小学校均拥有信息系统数量如图4-22所示。截至2019年底,江苏省中小学校拥有信息系统平均为1.75个。其中,常州中小学校均拥有的信息系统数量远高于全省平均数量,为4.48个;镇江、南通和南京中小学校均拥有信息系统数量差距不大,且均高于全省平均数量;扬州中小学校均拥有的信息系统数量最低,为0.56个。

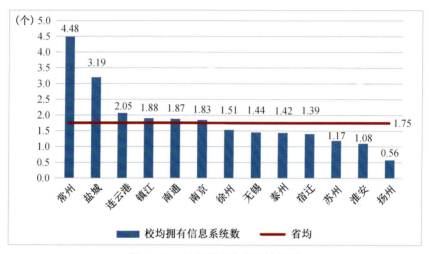

图4-22 校均拥有信息系统数量

江苏省中小学未进行等保定级的系统占信息系统总数的比例如图4-23所示。截至2019年底,江苏省中小学校未进行等保定级的系统平均比例为28%。其中,无锡、宿迁和苏州等6个设区市均高于全省平均比例,淮安与全省平均值持平,常州远低于全省平均比例,为7%。

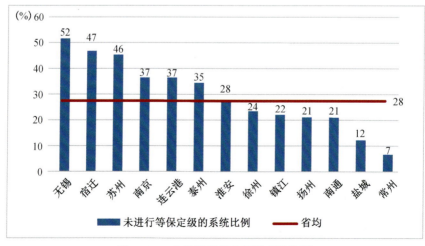

图4-23 未进行等保定级的系统比例

江苏省中小学拥有各个等级保护系统数量占信息系统总数比例如图4-24所示。截至2019年底,常州中小学拥有等级保护一级、二级系统比例最高,分别为59%和30%。泰州和苏州中小学拥有等级保护三级系统比例最高,均为18%。南京中小学拥有等级保护四级及以上的系统比例最高,为17%。

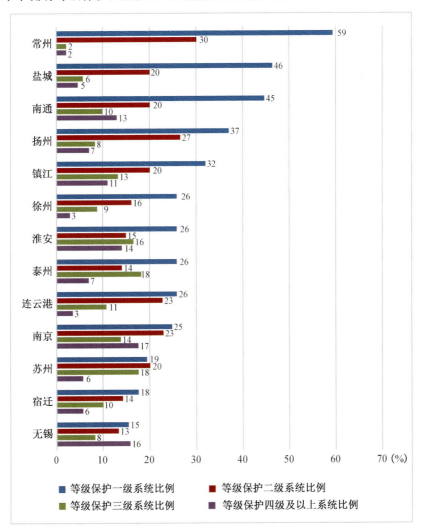

图4-24 各个等级保护系统数量占信息系统总数的比例

江苏省中小学完成年度等级保护测评的系统比例如图4-25所示。2019年度,盐城中小学完成年度等级保护测评的系统比例最高,达到73%;包含盐城在内的8个设区市的中小学完成年度等级保护测评的系统比例高于全省平均比例。常州中小学完成年度等级保护测评的系统比例最低,仅为11%。

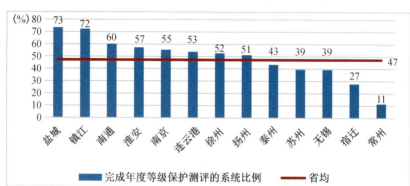

图 4-25 完成年度等级保护测评的系统比例

江苏省中小学完成等级保护整改的系统比例如图 4-26 所示。2019 年度,镇江中小学完成等级保护整改的系统比例位居全省第一,为 57%;其次是连云港和淮安中小学,占比为 47%。无锡、盐城和苏州等 5 个设区市中小学完成等级保护整改的系统比例均低于省均比例。

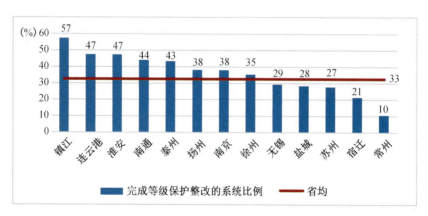

图 4-26 完成等级保护整改的系统比例

4.3.5 经费投入

各设区市网络安全建设经费占信息化总经费的比例情况如图 4-27 所示。2019 年度,常州、连云港和盐城等 7 个设区市的网络安全建设经费投入比例高于或等于全省平均水平,其中,常州市学校网络安全建设经费占信息化总经费的比例最高,为 24%。无锡市的网络安全建设经费投入比例与省均水平持平,为 18%。淮安市网络安全建设经费投入比例最低,为 12%。

4. 网络安全发展专项

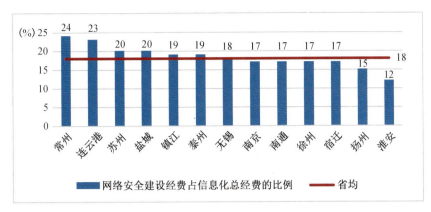

图 4-27 网络安全建设经费占信息化总经费的比例

江苏省各设区市网络安全建设经费投入范围具体情况如图 4-28 所示。2019 年度，全省中小学的网络经费投入均呈现硬件设备投入占比远高于软件和人员及服务投入占比的现象。淮安市的硬件设备费用占比居全省第一，为 75%；南京中小学软件费用占比最高，为 23%；盐城和泰州中小学人员及服务费用占比最高，均为 25%。

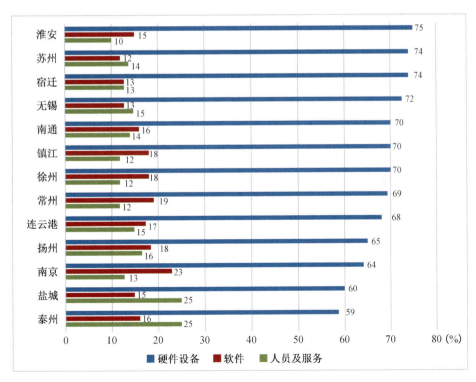

图 4-28 网络安全经费的投入范围

4.3.6 上网管理

江苏省中小学配备统一上网管理系统的学校比例如图4-29所示。截至2019年底,全省85%的中小学已经配备了统一上网管理系统。扬州、连云港和苏州等7个设区市中小学完成统一上网管理系统配备的比例均高于省均比例;其他各设区市中小学完成统一上网管理系统配备的比例均低于全省平均水平,其中,徐州市的这一比例最低,为74%。

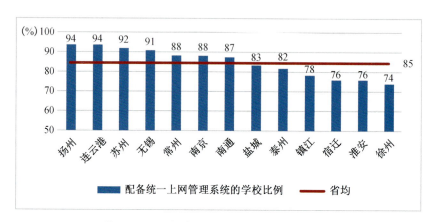

图4-29 配备统一上网管理系统的学校比例

江苏省各设区市中小学校园网络实行实名制上网的学校比例情况如图4-30所示。截至2019年底,全省76%的中小学校园网实行实名制上网。其中,连云港中小学校园网实行实名制上网的比例最高,为92%;苏州、泰州和盐城等6个设区市的中小学校园网实行实名制上网比例均低于全省平均水平。

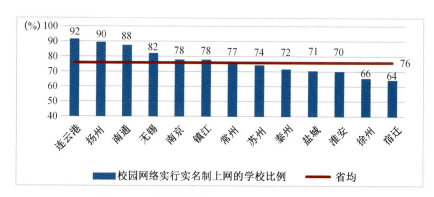

图4-30 校园网络实行实名制上网的学校比例

综上所述,在网络安全工作相关人员保障方面,镇江和苏州中小学网络安全工作领导机构以及联络员的确立情况要优于其他设区市,而宿迁在这一方面的表现略差;苏州中小学校均拥有网络安全从业人员数量最多,要远高于全省平均值,徐州中小学校均拥有网络安全从业人员数量最少;苏州、无锡和连云港中小学具有国家认定资质的网络安全从业人员数量明显高于全省平均水平,其他设区市中小学具有国家认定资质的网络安全从业人员数量差距较小。在网络安全管理制度方面,各设区市中小学发展情况较好,苏州和镇江中小学建立内部网络安全管理制度的学校比例并列第一;全省 84% 的中小学修订并发布本年度网络安全管理制度。在网络安全教育培训方面,连云港中小学校均内部组织的网络安全教育培训次数和网络安全工作相关人员参加非学校内部组织的安全工作培训校均人次均位于全省第一,无锡和南京中小学在这一方面表现较差。在信息系统建设方面,常州中小学校均拥有信息系统数量远高于省均值,且明显高于其他设区市;各设区市中小学未进行等保定级的信息系统比例差距较大,其中无锡中小学占比最高,常州中小学占比最低;完成等级保护测评的系统比例参差不齐,盐城和镇江中小学完成等级保护测评的系统比例要高于其他设区市,但盐城中小学完成等级保护整改的系统比例较低。在经费投入方面,各设区市在各项投入占比差距不大,整体呈现重硬件、轻软件和人员及服务的情况;常州中小学网络安全建设经费占信息化总经费的比例最高。在上网管理方面,扬州和连云港市发展情况要优于其他各设区市,且各设区市发展情况差别不大,整体发展较良好。

4.4 小结

总体看来,江苏省基础教育网络安全发展具备以下特征:

在网络安全工作人员保障方面,网络安全工作领导机构和工作联络员的建立情况较好,国家认定的网络安全从业资质人员数量明显低于网络安全管理从业人员的数量,需提升网络安全管理从业人员的专业化程度。

在网络安全管理制度方面,学校建立内部网络安全管理制度情况较好,但修订并发布本年度网络安全管理制度的发展情况相对较低,要注重网络安全管理制度的及时更新。

在网络安全教育培训方面,各设区市中小学内部组织网络安全教育培训次数相差不大，但整体情况有待提高。相比较而言，网络安全工作人员参加非学校内部组织的安全工作培训校均人次情况良好。学校应加强网络安全培训力度，积极鼓励大家接受网络安全教育。

在信息系统建设方面，学校信息系统等保定级情况一般，拥有等级保护一级系统的数量要明显高于其他级别的系统数量。要加强学校信息系统的定级备案工作，测评和整改情况也需要进一步完善。

在经费投入方面，各设区市网络经费投入力度参差不齐且经费投入整体呈现重硬件、轻软件和服务的情况。各设区市在加大经费投入力度的同时，要注重软硬件及服务三者的合理分配。

在上网管理方面，各设区市的整体发展情况较好。各设区市在校园网络实行实名制上网的发展情况参差不齐。学校需加强上网管理，严格实行上网实名制，给大家提供更加安全的网络环境。

5. 分析与总结

从整体上看,江苏省基础教育信息化发展综合指数为49.94。南京、无锡、苏州、泰州、扬州、南通和常州七个地市的综合指数均高于全省平均水平,其中南京市的综合发展指数最高,为51.39;盐城、淮安、徐州、连云港和宿迁五个地市的教育信息化发展综合指数低于全省平均水平。从五大维度发展指数看,江苏省的管理信息化发展水平较好,其次是保障措施,而教学应用、教育资源发展相对一般,基础设施发展水平则相对较低,影响了基础教育信息化发展综合指数水平。

在基础设施方面,江苏省基础设施建设较为完善,所有地市宽带接入100 M以上学校比例均为100%。除扬州市外,所有地市校均多媒体教室占教室总数量的比例均高于95%。且除镇江、宿迁、无锡和泰州市外,其他地市建有无线网络学校的比例均高于80%,为教育信息化相关工作的开展铺垫了良好的基础。但是,在学生终端配备数量、学校创新实验室建设方面仍需加强。

在教育资源与教学应用方面,江苏省的数字化教育资源更加丰富多样,数字化教育资源在教学应用中的水平有所提升。全省接入地市及以上级别教育资源公共服务平台的学校比例已达98%,全省中小学语数英学科利用信息技术辅助课堂教学实现常态化应用的学校比例已达98%。全省开通网络空间的学校比例已占82%,开通教师网络学习空间的教师比例高达93%,开通学生网络学习空间的学生比例为89%,为师生网络学习提供了良好的环境和途径。但是,在开设人工智能课程、多媒体教室使用率以及在课堂环节使用教育资源的教师比例上仍需要进一步提升。

在教育管理信息化方面,江苏省开展管理信息基础应用的学校比例高达

94%,安全监控系统全覆盖(校门、教学楼、办公区)的学校比例已达93%,管理信息系统实现常态化应用的学校比例达88%。但校园卡实现一卡通的学校比例仅有22%,由于校园卡实现一卡通的学校比例较低,直接影响校园卡实现常态化应用的学校比例。学校应该不断升级信息化管理系统,推进不同系统的统一身份认证,扩大管理信息基础数据实现常态化应用,加强校园一卡通建设,不断提高学校信息化管理水平。

在教育信息化保障措施方面,江苏省中小学都比较重视校级信息化主管领导(CIO)职位的设立,采取相应机制促进教师信息技术在教育教学中的应用。全省拥有信息化支持人员的学校比例高达98%,针对网络安全施行安全措施的学校比例达97%。但中小学基础教育信息化经费投入不足仍比较突出,全省学校信息化经费占同期教育总经费(不含人员经费)支出比例平均为18%,无法有效保障学校信息化相关工作顺利运转。最近一年教师人均晒课(地市级及其以上)节数只有0.59节,仍然需要加强。江苏要在设立教育信息化专项经费的基础上优化经费分配结构,形成多渠道筹集教育信息化经费的投入保障机制,不断加强学校信息化队伍建设,确保信息化工作可持续发展。

江苏省教育信息化工作要放眼全局、着眼未来,要做到因事而化、因时而进、因势而新,要充分认识到加快推进教育信息化工作的重要性和紧迫性,坚持长远规划、长期实践、长久研究,切实做好面向智能时代教育的顶层设计、探索应用和理论支撑,落实好《中国教育现代化2035》提出的加快信息化时代教育变革的战略任务。

后 记

为做好报告的编写工作,根据教育部科技司《关于开展2019年全国教育信息化发展状况调研工作的函》(教技司〔2019〕255号)文件要求,江苏省教育厅办公室印发了《关于做好2019年全省教育信息化发展状况调研工作的通知》(苏教办电函〔2019〕5号),对全省各市、县(市、区)的教育信息化情况进行了调查,共收到全省4 844份中小学校教育信息化有效调研问卷,为报告的编制积累了重要的数据材料。

本报告由江苏省教育信息化中心组织编写,编制工作得到了教育厅和相关处室领导的关心和指导。省教育信息化中心和华中师范大学相关领导高度重视,多次召开报告编制研讨会议,研究确定了报告的框架、编写体例、编写原则等。华中师范大学作为本报告的合作单位,共同参与了报告框架、编写体例、数据分析、研究总结的全过程,并承担了报告初稿的主要编写工作。陈敏、徐建在编写过程中承担了组织联络工作,陈敏、周驰、王欢、杨顺莹、梁杏芳、王彩凤全程参与了报告的编写与印制等工作。江苏省教育信息化中心陈莉、张骅、汤云捷、邢妹兰、王勇、徐春霞等同志参与了报告数据审核和文字校对等工作。各市电教馆(教育信息化中心、教科院)积极配合工作,提供了主要的调研材料。

本报告是继《2018年度江苏省基础教育信息化发展报告》印发的第四份全省教育信息化汇编,通过对调研问卷、教育信息化进展系统、教育信息化工作月报等提供的数据进行分析整理而形成。报告努力本着实事求是的原则,尽可能全面客观地反映全省以及各地教育信息化现状,目的是发现问题、解决问题、推进工作。但由于作者水平有限,肯定存在许多不当之处,恳请各位专家和读者批评指正。